소나영 지음

PROLOGUE

맛있고 다양한 채식 레시피를 제안합니다

전 세계에 채식 열풍이 불고 있어요. 채식의 인기를 증명하듯 우리나라도 2008년에 비해 채식 인구가 10배나 증가했다고 해요. 먹거리가 풍족한 시대에 왜 채식이 주목받고 있을까요?

채식을 시작하는 동기는 다양하지만 가장 많은 이유는 건강이라고 해요. 건강해지려고, 혹은 건강을 유지하려고 채식을 시작한다고요. 실제로 음식이 우리 몸에 미치는 영향은 상상 이상이에요. 어떤 음식을 먹느냐에 따라 건강해지기도 병들기도 하죠. 유난히 속이 더부룩하고 늘 피로에 시달린다면 식단을 바꿀 필요가 있어요. 그런 분들에게 채식을 추천합니다. 육류나 인스턴트 음식 위주의 식단을 줄이고 채식으로 양질의 식물성 단백질과 비타민, 미네랄을 충분히 섭취해보세요. 점점 더 몸이 가볍고 건강해지는 것을 느낄 수 있을 거예요.

하지만 채식은 메뉴가 단조롭고 맛이 없지 않냐고요? 천만에요! 동물성 재료를 전혀 쓰지 않고도 수프와 브런치, 스무디, 샐러드, 디저트까지 다양한 메뉴를 만들 수 있어요. 「비건 테이블」은 채식을 처음 시작하는 사람을 위한 비건 밀크, 비건 버터부터 햄버그스테이크, 팟타이, 후무스, 파운드케이크까지 맛있고 건강한 88개 비건 레시피를 담았어요. 따라 하기만 하면 맛있는 비건 요리가 쉽게 완성된답니다.

채식은 맛이 없을 것 같아서, 손이 많이 갈 것 같아서 주저했다면 이제는 망설이지 마세요. 딱 한 끼만 실천해보세요. 「비건 테이블」과 함께라면 누구나 쉽게 맛있는 채식을 시작할 수 있어요!

소나영

CONTENTS

4　Prologue

8　맛있고 건강한 식생활, 비건 시작하기
10　균형 잡힌 비건 식단 구성하기
12　비건 레시피에서 자주 쓰는 재료 • 채소류
14　비건 레시피에서 자주 쓰는 재료 • 과일류
15　비건 레시피에서 자주 쓰는 재료 • 콩·견과류
16　비건 레시피에서 자주 쓰는 재료 • 허브·향신재류
18　비건 요리 건강하게 맛내기
19　갖춰두면 유용한 도구

Part 1
베이직 레시피

22　아몬드 밀크
23　비건 요거트
24　아몬드 버터
25　비건 버터
26　비건 마요네즈
27　그래놀라
28　채소 면
29　채수

Part 2
수프

32　단호박 수프
34　콘 차우더
36　감자 수프
38　고구마 수프
40　캐롯 진저 수프
42　토마토 가스파초
44　양송이 수프
46　검은깨 수프
48　파인너트 수프
50　비트 수프
52　병아리콩 수프
54　뽀빠이 수프
56　아욱 그레인 수프
58　에너지 수프
60　커리 수프
62　디톡스 수프

Part 3
스무디 볼

66　그린티 볼
68　골든라테 볼
70　트로피컬 볼
72　애플파이 볼
74　화이트 볼
76　캐롯 볼
78　홍시 볼
80　배도라지 볼
82　스위트 토마토 볼
84　에브리그린 볼
86　초코마니아 볼
88　애플 모히토 볼
90　플레인 요거트 볼
92　딸기 요거트 볼
94　아사이베리 요거트 볼
96　킹스베리 볼
98　프로틴 볼

Part 4
샐러드

102 아보카도 샐러드
104 루비레드 샐러드
106 레몬오일 샐러드
108 스파이시 샐러드
110 이탈리안 파스타 샐러드
112 워터멜론 샐러드
114 월도프 샐러드
116 그릭 샐러드
118 요거트 샐러드
120 과카몰리 샐러드
122 적채 콜슬로 샐러드
124 새송이 허니 머스터드 샐러드
126 시저 샐러드
128 스파이시 당근 누들 샐러드
130 분짜 샐러드
132 콜리플라워라이스 샐러드
134 해초 샐러드

Part 5
브런치

138 팬케이크
140 바게트 오픈 샌드위치
142 참치마요 맛 샌드위치
144 바질페스토 파스타
146 크림소스 파스타
148 라타투이
150 햄버그스테이크
152 채소 BBQ
154 라이스 랩
156 팟타이
158 후무스
160 너트국수
162 채소주먹쌈밥
164 콜리플라워 스테이크

Part 6
디저트

168 바나나 파운드케이크
170 단호박 머핀
172 초코칩 쿠키
174 마카다미아 오트밀 쿠키
176 글루텐 프리 코코넛 쿠키
178 블루베리 스콘
180 칙피팝콘
182 플랫 브레드
184 스위트 바나나
186 당근 도넛볼
188 비건 머랭쿠키
190 노길티 초코무스
192 비건 아이스크림
194 과일무스 파르페

맛있고 건강한 식사, 비건 시작하기

내로라하는 유명 인사들이 비건임을 밝히고 채식 식단의 좋은 점을 알리고 있어요. 그들은 한 목소리로 말하죠. 비건을 실천하면 몸과 마음이 건강해진다고요. 다양한 질병 예방 및 관리, 적정 체중 유지에도 효과적이라는 비건, 궁금하지 않으세요?

비건, 제대로 알기

동물성 재료 섭취를 제한하고 채소, 곡식, 과일 등으로 식단을 구성하는 채식. 채식에 관심을 갖다보면 락토 오보, 페스코 등 낯선 단어들과 만나게 된다. 모두 채식을 일컫는 명칭들이다. 채식은 허용하는 음식에 따라 여러 종류와 단계로 구분된다.

베지테리언(Vegetarian)

- 프루테리언 Fruitarian 과일, 견과만 허용
- 비건 Vegan 채소, 곡식, 과일, 견과, 식물성오일 등 식물성 재료만 허용
- 락토 베지테리언 Lacto vegetarian 식물성 재료부터 우유나 치즈, 버터까지 허용
- 오보 베지테리언 Ovo vegetarian 식물성 재료부터 달걀, 메추리알까지 허용
- 락토오보 베지테리언 Lacto-Ovo vegetarian 식물성 재료부터 우유, 치즈, 버터와 달걀까지 허용(베지테리언)

세미 베지테리언(Semi-vegetarian)

- 페스코 베지테리언 Pescetarian 베지테리언부터 생선류, 해산물까지 허용
- 폴로 베지테리언 Pollotarian 붉은 살코기를 제외한 닭·오리고기류, 생선류, 해산물 모두 허용
- 플렉시테리언 Flexitarian 기본적으로 비건이지만 상황에 따라 육류 섭취를 허용

처음부터 하루 세 끼를 모두 비건 식단으로 실천하기는 어렵다. 하루 한 끼를 비건 식단으로 구성해 점차 식단 구성 횟수를 늘려가거나 혹은 상황에 따라 유연하게 식단을 구성하는 플렉시테리언부터 시작해보자.

건강한 식생활, 비건

전세계의 식탁이 바뀌고 있어요. 건강을 위해 채식을 시작하는 비건 인구가 빠르게 증가하고 있죠. 최고의 건강유지 비법으로 손꼽히는 채식. 비건 식단을 실천하면 내 몸에 어떤 건강한 변화가 생기는지 느껴보세요.

• **양질의 단백질과 지방이 풍부해 성인병 예방에 도움이 된다** … 콩, 견과, 곡물에 포함된 식물성 단백질에는 필수 아미노산이 풍부해 근육 형성과 면역력 강화에 도움을 준다. 식물성 단백질에는 불포화지방도 많이 들어 있는데 그중 리놀렌산은 콜레스테롤 수치와 혈당을 낮춰 당뇨 및 고혈압, 고지혈증, 심장병 등을 예방하는 데 효과적이다.

• **풍부한 비타민과 미네랄이 인체에 활력을 준다** … 비타민과 미네랄은 꼭 필요한 영양소이지만 현대인에게 부족하기 쉬운 영양소이기도 하다. 채소류나 해조류에는 각종 비타민과 칼슘, 마그네슘 등 미네랄이 풍부하다. 미량 영양소를 충분히 섭취하면 신진대사가 원활해지고 면역력이 강화되며 노화를 예방할 수 있다.

• **효소를 섭취해 신진대사가 활발해진다** … 효소는 신진대사 활동의 촉매제 역할로 소화, 노폐물 배출, 해독, 살균작용 등 신진대사를 유지하기 위해 필요하다. 효소는 46℃ 이상 열에서 쉽게 파괴되는데 채식은 열을 가하지 않은 레시피가 많아 효소를 고스란히 섭취할 수 있다. 효소는 많이 섭취할수록 신진대사가 활발해진다.

• **풍부한 식이섬유가 노폐물 배출을 돕는다** … 채소와 과일, 해조류에는 식이섬유가 풍부하다. 식이섬유는 콜레스테롤의 흡수를 막아 다양한 성인병을 예방하며, 포만감을 주어 다이어트에도 도움이 된다. 대장 운동을 촉진시켜 노폐물 배출과 배변활동에도 좋다.

비건, 지구를 위한 착한 식사예요

요즘은 환경 보호나 동물 보호를 위한 작은 실천의 하나로 채식을 들기도 해요. 매년 한반도 크기의 열대우림이 가축용 목장을 짓고 사료용 곡물을 재배하기 위해 사막화돼요. 가축들이 만들어내는 분뇨와 온실가스가 지구를 뜨겁게 만들고요. 채식은 궁극적으로 육류에 대한 수요를 줄여 문제를 원천적으로 해결할 수 있는 방법이 돼요. 채식이 건강뿐만 아니라 동물, 지구를 생각하는 작은 실천이 되는 거죠.

건강한 비건 식단 구성하기

건강한 비건 생활을 위해서는 식단을 균형 있게 구성하는 것이 중요해요. 여러 식품군과 다양한 색의 조합으로 균형 잡힌 비건 식단 구성하는 방법을 알아보세요. 다양한 영양소들을 효과적으로 섭취할 수 있고 적정 체중을 유지하는 데도 도움이 돼요.

균형 잡힌 비건 식단 구성하기

비건은 식물성 재료로만 식단을 구성하기 때문에 부족한 영양소가 없는지 잘 살펴야 한다. 무턱대고 채소와 과일만 섭취하다가는 단백질 같은 주요 영양소가 결핍돼 건강을 해칠 수 있다. 육류 섭취를 제한해 부족해진 단백질은 두부나 콩류로 보충하고 빵이나 국수 같은 탄수화물로 식단을 구성할 때는 채소나 과일을 곁들여 부족한 영양소가 없도록 해야 한다.

건강한 비건 식단을 구성하기 위해서는 국제채식협회에서 제안하는 식단 구성표를 참고해 한 끼 혹은 하루 섭취 식품군의 균형을 맞추는 것이 좋다.

국제채식협회의 Vegetarian Eatwell Guide

베지테리언 레시피로 활용하기

비건 레시피에서 몇 가지 재료를 바꾸기만 하면 베지테리언 레시피로 사용할 수 있어요. 사람에 따라, 상황에 따라 완전 채식이 힘들 때 베지테리언 레시피로 활용해보세요.

비건 레시피	베지테리언 레시피
아몬드 밀크, 코코넛밀크	⋯ 우유
비건 요거트	⋯ 일반 요거트
비건 버터, 코코넛오일	⋯ 버터

비건 레시피	베지테리언 레시피
아마씨가루	⋯ 달걀흰자
두부, 콩류	⋯ 치즈, 삶은 달걀

컬러 속 파이토케미컬로 식단 구성하기

채소와 과일의 가진 고유한 색에는 파이토케미컬이 들어있다. 파이토케미컬이란 식물성을 의미하는 파이토 Phyto와 화학을 의미하는 케미컬Chemical의 합성어이다. 필수 영양소는 아니지만 항산화, 면역기능 향상 등에 도움을 주고, 부족할 경우 건강에 영향을 줄 수 있어 최근 제7의 영양소로 주목받고 있다. 색에 따라 들어있는 영양소와 효과도 모두 다르기 때문에 한 끼에 다양한 색의 채소와 과일을 섞어 구성하는 것이 좋다.

● 안토시아닌

보라색이나 자주색을 띠는 채소와 과일에 풍부하며 항산화 작용에 뛰어나 노화 예방에 도움이 된다. 블루베리, 포도, 가지, 검은콩 등이 있다.

● 라이코펜

빨간색을 띠는 채소와 과일에 풍부하며 혈류 개선과 암세포 억제에 도움이 된다. 잘 익은 토마토에 가장 많고 그 외에는 수박, 자몽 등이 있다.

● 베타카로틴

노란색과 주황색 채소와 과일에 풍부하며 체내에서 비타민 A로 전환되어 눈 건강과 면역력 향상에 도움이 된다. 당근, 망고, 바나나 등이 있다.

● 알리신

마늘, 양파, 무 등 흰색을 띠는 채소에 들어있다. 세균이나 바이러스에 대한 저항력을 높이는 강력한 항균 물질로 알려져있다.

● 클로로필

초록색을 띠는 채소와 과일에 풍부하며 중금속 등 몸속 유해물질을 배출하는 데 도움이 된다. 브로콜리, 시금치, 셀러리 등에 풍부하다.

비건 레시피에서 자주 쓰는 재료

1 양배추·적양배추
위장병에 좋은 비타민 U와 철분, 칼슘 등 다양한 영양소가 들어 있다. 식이섬유가 풍부해 포만감이 크고 장운동을 원활하게 해 다이어트에 효과적이다. 들었을 때 묵직하고 단단하며 겉잎이 연한 녹색을 띠는 것을 고른다.

2 시금치
3대 영양소와 비타민, 미네랄이 고루 들어있는 완전 영양 식품이다. 빈혈과 치매 예방에 효과적이며 식이섬유가 풍부해 변비에도 도움이 된다. 잎이 넓고 색이 진하며 윤기 나는 것이 좋다.

3 루콜라
쌉쌀한 맛과 특유의 향이 있어 입맛을 회복하는 데 좋다. 비타민과 미네랄이 풍부하여 피로 해소에도 도움이 된다. 줄기가 부드럽고 잎이 시들지 않은 것을 고른다.

4 오이
수분 함량이 90% 이상으로 지방이 적고 칼로리가 낮아 다이어트 식품으로 좋다. 풍부한 칼륨이 이뇨작용을 도와 부종 예방에도 효과적이다. 꼭지가 싱싱하고 굵기가 일정한 것이 좋다.

5 파프리카
피망에서 단맛이 높이고 과육이 두꺼워지도록 개량한 채소다. 다양한 색깔만큼 들어있는 영양과 효능이 다르다. 공통적으로 비타민 A와 C가 풍부하여 피로 해소와 피부 건강에 효과적이다. 꼭지가 마르지 않고 선명한 색을 띠며 과육이 단단한 것이 좋다.

6 당근
몸속에서 비타민 A로 바뀌는 카로틴이 몸속에서 풍부해 눈 건강에 좋다. 비타민 A는 기름과 함께 섭취하면 흡수율이 높아진다. 표면이 매끄럽고 윤기가 돌며 색이 일정한 것이 좋다.

7 옥수수
비타민 B, 칼륨, 철분, 식이섬유가 풍부하고 씨눈에는 필수 지방산인 리놀렌산이 들어있어 콜레스테롤을 낮추는 데 효과적이다. 알맹이를 눌렀을 때 딱딱하지 않고 탄력이 있는 것을 고른다.

8 감자
칼륨이 풍부해 나트륨 배출에 뛰어난 작용을 한다. 자주 먹으면 고혈압 등 성인병 예방에 도움이 된다. 표면에 흠집이 적고 들었을 때 묵직하면서 단단한 것을 고른다.

9 고구마
탄수화물이 체내에 느리게 흡수되고 식이섬유가 풍부해 다이어트 식품으로도 좋다. 비타민 C가 풍부해 피로 해소를 돕고, 칼륨이 나트륨을 몸 밖으로 배출시키는 데도 효과적이다. 모양이 일정하고 표면이 매끄러우며 묵직한 것이 좋다.

채소류

10 가지
보라색을 내는 성분인 안토시아닌이 항산화 작용을 해 암을 예방하고 콜레스테롤을 낮춘다. 칼로리가 낮고 수분 함량이 90%가 넘어 다이어트 식품으로도 좋다. 색이 선명하며 꼭지가 싱싱하고 모양이 곧은 것을 고른다.

11 애호박
애호박 씨에는 레시틴 성분이 들어있어 두뇌 개발과 치매 예방에 효과적이다. 비타민 A와 미네랄, 식이섬유가 풍부하며 칼로리가 낮아 다이어트 식품으로도 좋다. 꼭지가 마르지 않고 표면에 흠집 없이 윤기 나는 것이 좋다.

12 단호박
풍부한 베타카로틴이 체내에서 비타민 A로 전환되어 눈 건강에 도움이 된다. 또한 각종 미네랄과 식이섬유가 풍부해 노폐물을 배출하고 혈압을 유지하는 데 효과적이다. 들었을 때 묵직하고 꼭지가 잘 마른 것이 당도가 높다.

13 양상추
신경 안정 작용을 하는 알칼로이드 성분이 들어있어 불면증에 도움을 준다. 수분 함량이 94% 이상 차지하고 칼로리가 낮아 다이어트에도 효과적이다. 밝은 연두색을 띠고 묵직한 것이 좋다.

14 아스파라거스
피로 해소에 뛰어난 효과를 보이는 아스파라긴산이 풍부하다. 유기 화합물인 루틴도 다량 들어있는데 루틴은 혈관을 강화하고 혈압을 낮춰 고혈압 예방에 효과적이다. 끝이 모여있고 줄기는 굵지만 연한 것이 좋다.

15 버섯류
단백질과 미네랄이 풍부한 저칼로리 식품이다. 스테로이드 일종인 에르고스테롤이 콜레스테롤 수치를 낮추고 베타글루칸이 면역력 강화와 항암 작용에 도움을 준다. 상처가 없고 단단한 것을 고른다.

16 케일
녹황색 채소 중 베타카로틴이 가장 많이 들어있다. 항산화 작용이 뛰어나 암 예방과 면역력 향상에 도움이 되고 루테인이 풍부해 눈 건강에도 좋다. 잎이 진한 색을 띠며 표면에 반점이 없는 것이 좋다.

17 비트
빨간 무로도 알려진 비트는 철분이 풍부해 빈혈 예방에 효과적이다. 붉은색을 내는 색소 베타인은 세포 손상을 억제하고 항산화 작용에 도움이 된다. 뿌리와 표면이 흠집 없이 매끄럽고 단단한 것이 좋다.

비건 레시피에서 자주 쓰는 재료

과일류

18 바나나
식이섬유의 일종인 펙틴이 많아 소화를 돕고 장운동을 활발하게 한다. 마그네슘이 풍부해 근육이나 신경 형성에도 도움이 된다. 상처 없이 색이 고른 것이 좋고, 검은 반점이 생기기 시작할 때가 가장 달고 영양가가 높다.

19 토마토
붉은색을 내는 라이코펜이 활성산소를 제거해 노화를 방지하고 암을 예방한다. 콜레스테롤을 낮춰 혈관질환과 성인병 예방에 효과적이다. 색이 선명하고 꼭지가 시들지 않은 것이 좋다.

20 사과
피로물질을 제거하는 유기산과 비타민 C가 풍부하다. 껍질에 들어있는 쿼세틴은 항산화·항균 작용에 효과적이니 함께 섭취하는 것이 좋다. 흠집이 없고 껍질에 탄력이 있는 것을 고른다.

21 배
안토크산틴, 루테올린 등이 풍부해 기침을 가라앉히고 가래를 삭이는 데 효과적이다. 흠집이 없고 껍질이 도톰하며 들었을 때 묵직한 것이 좋다.

22 오렌지·레몬
비타민 C가 풍부해 감기를 예방하고 피부 미용에 도움을 준다. 구연산이 풍부해 피로 해소에 효과가 있다. 다만 당이 많고 흡수가 빠르니 너무 많이 먹지 않도록 주의한다. 표면에 윤기가 나고 눌러보았을 때 말랑말랑한 것을 고른다.

23 자몽
펙틴이 풍부해 콜레스테롤 수치를 낮추고 혈관질환을 개선한다. 비타민 C와 글루타티온이 들어있어 간 기능 개선에도 도움을 준다. 동그랗고 눌렀을 때 모양을 유지하며 묵직한 것이 좋다.

24 딸기
비타민 C가 풍부해 기미, 주근깨 예방 등 피부 건강에 도움이 된다. 5~6개면 하루에 필요한 비타민을 모두 섭취할 수 있다. 꼭지가 진한 색을 띠고 마르지 않으며, 과육은 색이 고른 것이 좋다.

25 블루베리
항산화 작용을 하는 안토시아닌이 풍부해 눈과 뇌세포 노화를 방지한다. 색이 선명하고 흰 가루가 균일하게 묻어 있는 것이 당도가 높다.

26 아보카도
숲속의 버터라고도 불리는 아보카도. 필수지방산과 비타민 E가 풍부해 콜레스테롤을 낮추고 노화를 방지하며 치매를 예방하는 효과가 있다. 껍질의 색이 진한 녹색이고 손으로 쥐었을 때 탄력적인 것이 좋다.

견과류

27 병아리콩
지방이 적고 단백질이 많이 들어있어 다이어트 식품으로 좋다. 칼슘, 철분, 식이섬유가 풍부해 혈당을 관리하는 데 도움이 된다. 알의 크기가 작고 색이 진한 것을 고른다.

28 렌틸콩
볼록한 렌즈 모양을 하고 있어 '렌즈콩'이라고도 불린다. 단백질과 식이섬유는 물론 엽산도 풍부해 세포의 생성을 돕는다. 벌레 먹거나 깨지지 않고 낱알의 모양을 유지하고 있는 것이 좋다.

29 오트밀
껍질 벗긴 귀리를 건조시키고 적당히 볶아 분쇄하거나 압착해 만든다. 식이섬유가 풍부하며 칼륨도 많이 들어있어 고혈압, 동맥경화, 심장병 예방에 도움이 된다. 희고 입자가 고르며 잡내 없이 고소한 향이 나는 것이 좋다.

30 대추야자
마그네슘이 풍부해 근육과 신경계 기능에 도움을 주며 엽산, 식이섬유가 풍부해 빈혈과 노폐물 배출에 효과적이다. 당분이 높아 조리 시 설탕 대체품으로 사용할 수 있지만 칼로리가 높아 하루에 10알 미만으로 섭취하는 것이 좋다.

31 호두
불포화지방산이 풍부하여 두뇌와 혈관, 피부 건강에 뛰어난 효과가 있다. 쉽게 산화되기 때문에 껍질을 까지 않은 것이 좋다. 껍질에 구멍이 있다면 벌레 먹은 것이니 피한다.

32 아몬드
불포화지방산과 비타민 E가 풍부하여 노화 방지와 피부 미용에 좋다. 철붉은 갈색을 띠고 마르지 않은 것이 좋은데 포장된 제품은 진공 상태와 유통기한을 확인한다.

33 캐슈너트
비타민 K, 리놀레산이 풍부하고 셀레늄, 구리, 마그네슘 등 미량영양소도 가지고 있어 콜레스테롤 수치를 낮추는 데 도움이 된다. 다만 지방 함량이 높기 때문에 적당량을 섭취하도록 한다. 부드럽고 이물질이 없으며 냄새가 나지 않는 것을 고른다.

34 헴프시드
대마의 씨앗으로 불포화지방산, 아미노산, 아르기닌 등이 풍부하다. 다양한 영양소가 콜레스테롤 수치를 낮추고 혈액순환, 면역력 증가에 도움을 준다. 식이섬유가 풍부해 소화에 좋고 변비 예방에도 효과적이다.

35 치아시드
치아의 씨앗으로 식이섬유가 풍부해 소화를 돕고 혈당 조절에도 도움이 된다. 칼슘, 오메가 3 지방산 등 다양한 영양소가 들어있다. 물에 넣으면 부피가 10배 이상 불어나 적은 양으로도 포만감을 느낄 수 있어 다이어트 식품으로 좋다.

비건 레시피에서 자주 쓰는 재료

향신료로 비건 요리에 풍미를 더하세요

비건 레시피는 채소나 과일, 곡물의 풍부한 맛을 충분히 느낄 수 있도록 구성되었어요. 비건 식단을 지속하면 고기나 버터 등 강한 맛과 향에 둔해졌던 미각을 깨울 수 있죠. 물론 처음 시작하는 사람에겐 비건 요리가 다소 밋밋하게 느껴질 수 있어요. 그럴 땐 향신료로 요리에 풍미를 더해보세요. 비건 레시피에서는 생강가루부터 이국적인 향의 커민까지 다양한 향신료를 활용해요. 안 어울릴 것 같은 향신료지만 의외로 부족한 맛을 보완하고 입맛을 돋웁니다. 처음엔 레시피를 그대로 따라 해보고 다음엔 원하는 대로 가감해보세요. 자신이 좋아하는 맛을 찾는 것이 중요해요. 다양하게 조합해 내 입에 딱 맞는 비건 레시피를 발견해보세요.

향신료·허브류

36 후춧가루
후추나무의 열매를 말려 건조시킨 것으로 매콤한 향으로 잡내를 없애고 식욕을 돋운다. 향이 쉽게 사라지기 때문에 가루로 된 것보다 통후추를 구입해 그때그때 갈아서 사용하는 것이 좋다.

37 마늘·마늘가루
알싸한 맛과 향을 내는 알리신이 소화를 돕고, 면역력을 높이며 살균·항균 작용을 한다. 또한 혈전을 용해시켜 심장질환이나 뇌혈관질환을 예방한다. 색이 연하고 통통한 것이 좋다.

38 생강·생강가루
맵싸한 맛을 내는 진저롤과 쇼가올이 몸을 따뜻하게 하며 살균·항염 작용을 돕는다. 구역질과 설사를 멈추게 하는 효과도 있다. 매운 향이 강하고 단단한 것을 고른다.

39 고춧가루·카옌페퍼
고추를 건조한 뒤 분쇄해 만든다. 캡사이신이 풍부해 신진대사를 높이고 몸을 따뜻하게 한다. 식욕을 억제하는 효과도 있다. 공기와 닿으면 성분이 쉽게 증발되므로 밀봉해 보관한다.

40 강황
커큐민 성분이 염증을 억제하고 혈당을 조절하며 항암 작용을 돕는다. 혈액순환과 담즙의 원활한 분비를 도와 체지방 분해에 효과적이다. 주로 말려서 가루로 사용하는데 쉽게 향이 날아가므로 밀봉해 보관한다.

41 커민
커리나 칠리파우더를 만들 때 쓰는 향신료로 톡 쏘는 향과 쓴맛이 특징이다. 소화불량을 개선하고 식욕을 높이는 데 효과가 있다. 가루로 된 커민은 쉽게 상하므로 조금씩 구입하는 것이 좋다.

42 시나몬파우더
계수나무의 껍질을 말려서 곱게 빻아 만든 향신료로 매운맛과 독특한 향이 나는 것이 달콤한 맛과 잘 어울려 주로 음료나 디저트에 사용한다. 습기에 약하므로 밀봉해서 건조한 곳에 보관해야 한다.

43 카카오닙스
초콜릿의 원료인 카카오빈을 건조·발효시켜 로스팅한 뒤 껍질을 벗기고 잘게 부숴 만든다. 항산화물질인 폴리페놀이 풍부해 노화 방지, 피로 해소, 면역력 증진에 효과가 있다.

44 바닐라빈·바닐라에센스
덩굴식물인 바닐라의 열매로 달콤하고 풍부한 향이 난다. 주로 음료나 디저트에 달콤한 향을 내기 위해 사용한다. 바닐라에센스는 으깬 바닐라 씨를 알코올에 담가 만든다.

45 민트
청량한 향을 내는 허브로 페퍼민트, 스피어민트, 애플민트 등 다양한 종류가 있다. 멘톨 성분이 소화를 돕고 신경 안정에 도움을 준다. 잎이 도톰하고 부드러운 털로 덮여있는 것이 좋다.

46 월계수잎
알싸하고 향긋한 향이 특징이다. 향을 내는 유칼립톨 성분은 스트레스와 긴장을 완화하는 데 효과적이다. 만졌을 때 눅눅한 것은 오래된 것이므로 바싹 마르고 잎이 부서지지 않은 것을 고른다.

47 바질
바질 향은 심신을 안정시키는 효과가 뛰어나다. 비타민K과 식이섬유가 풍부해 비만과 노화 방지, 소화 불량을 해소한다. 잎에 상처가 없고 진한 초록색을 띠며 윤기가 나는 것을 고른다.

비건 요리 건강하게 맛내기

일반 조미료는 화학 첨가물이 들어간 것이 많아요. 비건 요리를 건강하게 즐기기 위해 조미료까지 꼼꼼하게 준비해보세요. 조미료는 적은 양이지만 꾸준히 쓰기 때문에 한번 준비해두면 든든하답니다. 대부분 대형마트나 온라인 쇼핑몰에서 쉽게 구할 수 있어요.

아가베시럽
다육식물인 용설란 뿌리에서 추출한 시럽으로 화학첨가제가 들어있지 않은 천연과당이다. 같은 양의 설탕과 비교해 칼로리는 절반, 당도는 1.5배 더 높다. 설탕보다 적은 양을 사용할 수 있고 혈당상승지수(GI)도 설탕의 1/3밖에 되지 않아 혈당을 조절해야 하는 당뇨 환자에게 좋다. 점도가 낮아 찬물에 잘 녹고 특유의 향이나 독특한 맛이 없어 여러 요리에 두루 사용할 수 있다. 낮은 온도에서 쉽게 굳기 때문에 냉장고보다는 실온에서 보관하는 것이 좋다.

메이플시럽
단풍나무에서 수액을 채취해 만든다. 특유의 향이 강하기 때문에 주로 베이킹이나 디저트에서 활용한다. 미네랄과 폴리페놀이 풍부해 항암·항염 작용이 뛰어나다.

스테비아
스테비아 잎에서 추출한 천연 감미료다. 스테비오사이드라는 성분이 설탕보다 200배 이상 단맛을 내는데 칼로리는 100배 낮다. 폴리페놀이 풍부해 항산화 및 노화방지 효과에 뛰어나다.

천일염·핑크소금
천일염은 바닷물을 햇빛과 바람에 자연 건조시켜 얻는다. 염화나트륨 농도가 88% 정도로 일반 정제소금보다 덜 짜고 미네랄이 풍부하다. 히말라야 핑크소금은 히말라야 지역에서 채취하는 암염으로 일반 암염과 달리 쓴맛이 적고 단맛이 돈다. 철분, 아연, 셀레늄 등 미네랄도 풍부하다.

발효 간장
콩에 곡물 전분을 섞고 누룩곰팡이균을 넣어 발효·숙성시킨 간장이다. 시중에 파는 간장은 대부분 강한 염산으로 콩을 녹여 만든 화학간장으로 맛과 향이 떨어지고 첨가물이 들어가 건강에 좋지 않다. 자연 발효된 간장은 필수아미노산 등 영양소가 풍부해 근육 형성과 원기 회복에 효과적이다.

코코넛오일
코코넛 과육에서 추출한 기름으로 달콤한 향이 난다. 저온에서는 고체 형태이고 26℃ 이상이 되면 액체로 변한다. 코코넛오일은 체내에 쌓이지 않고 연소되는 포화지방산으로 이루어져 있어 콜레스테롤에 영향을 주지 않는다. 주로 비건 베이킹에서 고체 코코넛오일을 버터 대용으로 사용한다. 향을 없앤 정제 코코넛오일도 있다.

올리브오일
올리브나무 과실을 압착해 만든 식물성 기름으로 담백한 맛과 향을 가지고 있다. 불포화지방산인 올레산이 풍부해 콜레스테롤 수치를 낮추고, 담즙의 분비를 증가시켜 몸의 산성도를 낮춘다. 또한 비타민 E가 풍부해 노화방지, 피부 미용에 뛰어난 효과를 보인다. 발연점이 낮아 고온에서 조리하는 요리보다 샐러드 드레싱에 적합하다.

갖춰두면 유용한 도구

믹서로 재료를 곱게 갈아 스무디 볼이나 수프를 만들고, 푸드 프로세서로 채소 다지기와 반죽을 간단하게 끝내세요. 회전 채칼로 채소 면을 뽑으면 저탄수화물 국수 요리도 어렵지 않아요. 비건 요리에서 자주 쓰이는 도구를 알아보세요. 몇 가지 도구만 있으면 조리과정이 간편해져요.

믹서(블렌더)
믹서 중앙에 위치한 칼날이 빠르게 회전해 재료를 곱게 간다. 재료를 쉽게 갈 수 있어 수프, 스무디, 샐러드 드레싱 등에 자주 사용된다. 일반 믹서보다 고속으로 회전해 영양소 파괴를 줄이는 고속 믹서도 있다.

TIP 부드러운 재료부터 넣어야 잘 갈려요.
믹서에 재료 넣는 순서만 바꿔도 재료를 쉽게 갈 수 있어요. 칼날과 가까운 곳에 부드러운 재료부터 넣어보세요. 액체 재료가 있다면 액체를 칼날 위까지 먼저 붓고 나머지 재료를 넣는 것도 방법입니다. 물, 사과, 바나나를 갈아야 한다면 물, 바나나, 사과 순으로 넣어주세요.

푸드 프로세서
물기가 적은 재료를 쉽고 빠르게 다지는 데 쓴다. 농도가 진한 소스나 반죽을 만드는 데도 유용하다. 칼날을 바꾸면 거품기나 믹서로 사용할 수 있는 제품도 있다.

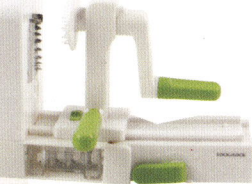

회전 채칼
채소 면을 쉽게 만들 수 있는 채칼이다. 손질한 채소를 채칼에 고정해 손잡이를 돌리면 가늘고 긴 채소 국수가 된다. 회전 채칼이 없다면 줄리엔 필러를 사용한다.

실리콘 주걱
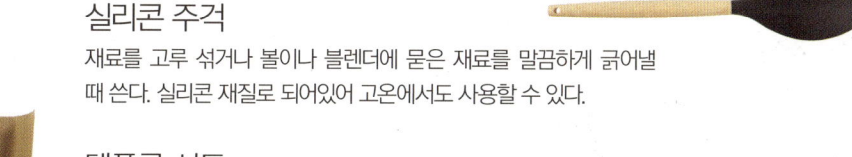
재료를 고루 섞거나 볼이나 블렌더에 묻은 재료를 말끔하게 긁어낼 때 쓴다. 실리콘 재질로 되어있어 고온에서도 사용할 수 있다.

테플론 시트
오븐 트레이 위에 유산지 대신 깔아 사용한다. 표면이 매끄러워 반죽을 올려도 눌어붙지 않는다. 반영구적으로 사용할 수 있다.

거름망 주머니 (너트밀크 백)
믹서에 간 비건 밀크를 주머니에 부어 찌꺼기를 걸러낼 때 사용한다. 망이 촘촘한 걸 골라야 찌꺼기가 새어나오지 않는다.

Part 1

베이직 레시피
Basic Recipe

비건 요리에서 자주 쓰는 기본 레시피를 알아두세요. 아몬드 밀크, 비건 요거트, 그래놀라 등 모두 비건 요리에서 유용하게 활용되는 재료예요. 만드는 법도 아주 간단해요. 넉넉하게 만들어 맛을 내는 요리 재료로, 간편한 간식으로 다양하게 활용해보세요.

아몬드 밀크

칼슘과 비타민 E가 풍부한 아몬드로 속이 편한 견과 밀크를 만들어보세요. 영양도 풍부하고 우유보다 소화가 잘돼 누구나 마시기 좋은 건강 음료예요.

INGREDIENT

아몬드 1컵
물 3컵
소금 조금

HOW TO COOK

STEP 1 아몬드 불리기
아몬드를 8시간가량 물에 불린다.

STEP 2 믹서에 갈기
믹서에 불린 아몬드, 물, 소금을 넣고 곱게 간다.

STEP 3 면포에 거르기
아몬드 밀크를 면포나 거름망에 넣어 거른다.

비건 요거트

코코넛밀크와 유산균으로 간단하게 만드는 플레인 요거트예요. 스무디 볼이나 샐러드 드레싱 재료로 활용하거나 그래놀라와 함께 든든한 식사 대용으로 준비해보세요.

INGREDIENT

코코넛밀크 500mL
유산균 1캡슐

HOW TO COOK

STEP 1 코코넛밀크와 유산균 섞기
유산균의 캡슐을 제거해 코코넛밀크와 잘 섞는다.

STEP 2 발효시키기
26℃ 이상의 따뜻한 곳에 24시간가량 둔다.

… **완전히 발효된** 요거트에서는 새콤한 향이 나요.

아몬드 버터

100% 아몬드로 만들어 영양이 풍부한 너트 버터예요. 요리에 들어가 고소한 맛과 풍미를 더해줍니다. 스프레드처럼 부드러워 그대로 빵에 발라 먹어도 좋아요.

INGREDIENT 아몬드 1컵

HOW TO COOK

STEP 1 **푸드 프로세서에 아몬드 갈기**
푸드 프로세서에 아몬드 1컵을 넣고 간다.

STEP 2 **버터처럼 곱게 갈기**
아몬드가 버터처럼 변할 때까지 15분 이상 간다.

… **견과류 같이** 물기 없는 재료를 갈면 푸드 프로세서가 쉽게 과열돼요. 모터가 뜨거워지면 쉬었다가 갈기를 반복하세요.

비건 버터

두유, 카카오버터, 코코넛오일 등 식물성 재료를 섞어 만드는 비건용 버터예요.
달콤한 향이 강한 코코넛오일 대신 비건 요리에서 유용하게 쓸 수 있어요.

INGREDIENT

두유 60mL
카카오버터 30mL
코코넛오일 30mL
식물성오일 60mL

레시틴가루 20g
레몬즙 1큰술
소금 조금

HOW TO COOK

STEP 1 코코넛오일·카카오버터 중탕하기
코코넛오일과 카카오버터가 녹을 때까지 중탕한다.

STEP 2 재료 섞기
믹서에 중탕한 코코넛오일과 코코넛버터, 나머지 재료들을 넣어 섞는다.

STEP 3 냉장고에서 굳히기
용기에 담아 랩을 씌운 뒤 냉장고에서 굳힌다.

비건 마요네즈

요리에서 다양하게 활용하는 비건 마요네즈. 만들기 쉽고, 맛도 시판 마요네즈 못지않아요. 콩 함량이 높고 단맛이 없는 두유를 골라 건강한 마요네즈를 만들어보세요.

INGREDIENT

식물성오일 200mL
두유 100mL
식초 2작은술
소금 조금

HOW TO COOK

STEP 1 두유·식초·소금 섞기
푸드 프로세서에 두유와 식초, 소금을 넣고 잘 섞는다.

STEP 2 식물성오일 넣기
식물성오일을 조금씩 넣어가며 마요네즈처럼 변할 때까지 섞는다.

··· **식물성오일은** 카놀라유나 포도씨유 같이 향이 강하지 않은 것이 좋아요.

그래놀라

오트밀과 건과일, 다양한 견과류를 넣어 바삭하게 구운 그래놀라를 견과 밀크나 스무디 볼에 곁들여보세요. 든든한 한 끼 식사로 손색없어요.

INGREDIENT

오트밀·호두 1컵씩
아몬드 2컵
건포도·해바라기씨 1/4컵씩
치아시드 2큰술
메이플시럽 4큰술
코코넛오일 3큰술
시나몬파우더 1작은술
소금 조금

HOW TO COOK

STEP 1 재료 섞기
건포도를 제외한 모든 재료를 고루 섞는다.

STEP 2 오븐에 굽기
오븐 트레이에 재료를 펼쳐 올린 뒤 150℃로 예열한 오븐에 20분가량 굽고 170℃에서 5분 더 굽는다. 한 김 식힌 뒤 건포도를 뿌려 잘 섞는다.

채소 면

채소 면은 샐러드, 파스타 같은 비건 레시피에서 자주 쓰여요. 다양한 재료를 활용해 채소 면을 만들어보세요. 맛과 색, 영양까지 다채로운 요리를 만들 수 있어요.

INGREDIENT

애호박 또는 주키니 1/2개
고구마·당근·비트 1개씩

HOW TO COOK

STEP 1 채소 준비하기
채소는 깨끗이 씻은 뒤 적당한 크기로 잘라 준비한다.

STEP 2 면 만들기
회전 채칼이나 줄리엔 필러로 채소를 깎아 면을 만든다.

… **채소 길이가** 15cm 이상이라면 반 잘라 사용하세요.
칼날을 바꾸면 국수의 굵기를 조절할 수 있어요.

채수

비건 요리의 깊은 맛을 더해줄 채수예요. 남은 자투리 채소를 모아 한데 끓여보세요.
수프 등 국물요리를 조리할 때 쓰면 감칠맛이 훨씬 좋아져요.

INGREDIENT

당근·양파·대파 1/2개씩
셀러리 1대
양송이버섯 4개
마늘 2개
월계수잎 4장
통후추 1작은술
소금 1작은술
물 1L

HOW TO COOK

STEP 1 채소 손질하기
당근과 양파, 대파, 셀러리는 껍질을 벗겨 적당한 크기로 썬다. 양송이버섯은 2등분한다.

STEP 2 채수 끓이기
냄비에 모든 재료를 넣고 채수가 우러나올 때까지 끓인다. 채수만 거른 뒤 한 김 식혀 냉장 또는 냉동 보관한다.

Part 2

수 프
―― Soup ――

영양 가득한 수프로 건강한 하루를 시작하세요. 제철 채소와 과일을 갈아 만든 수프는 식이섬유가 풍부해 든든하고 소화도 잘돼요. 아침이 분주하다면 전날 밤 미리 준비해도 좋아요. 데우기만 하면 든든하고 건강한 아침 식사가 완성된답니다.

단호박 수프

비타민 A가 풍부한 단호박 수프예요. 단호박과 캐슈너트, 시나몬파우더 조금이면 달콤하고 담백한 수프가 완성된답니다. 칼로리가 낮아 다이어트 식사로도 제격이에요.

INGREDIENT

단호박 1/2개
캐슈너트 1/4컵
물 2컵
시나몬파우더 1/2작은술
소금 조금

HOW TO COOK

STEP 1 **단호박 준비하기**
단호박은 껍질을 벗겨 한입 크기로 네모지게 썬다.

STEP 2 **수프 끓이기**
단호박, 캐슈너트, 물, 시나몬파우더를 넣어 단호박이 익을 때까지 끓인다.

STEP 3 **믹서에 갈아 데우기**
수프를 한 김 식혀 믹서에 간 뒤 냄비에 옮겨 데운다.

STEP 4 **소금 간하기**
수프를 볼에 담고 소금으로 간한다.

TIP
여름엔 차가운 단호박 수프를 즐겨보세요. 단호박만 따로 찐 뒤 껍질을 벗겨 다른 재료와 함께 믹서에 갈면 차가운 수프가 완성돼요.

콘 차우더

따뜻한 콘 차우더 한 그릇에 바삭하게 구운 빵을 곁들여 맛있는 브런치를 만들어보세요. 옥수수와 양파, 감자를 함께 갈아 부드럽고 고소해 입맛을 돋워줘요.

INGREDIENT

옥수수 통조림 1컵
감자 1/2개
양파 1/4개
코코넛오일 1작은술
물 또는 채수 2컵
소금 조금

HOW TO COOK

STEP 1 감자·양파 썰기
감자는 깍둑썰기하고 양파는 채 썬다.

STEP 2 수프 끓이기
팬에 코코넛오일을 두르고 양파를 볶다가 옥수수, 감자, 물을 넣고 끓인다.

STEP 3 믹서에 갈아 데우기
수프를 한 김 식혀 믹서에 간 뒤 냄비에 옮겨 데운다.

STEP 4 소금·후춧가루로 간하기
수프를 볼에 담고 소금·후춧가루로 간한다.

TIP
갈릭파우더 1작은술을 더하면 풍미가 좋아요.

감자 수프

감자 수프는 고소하고 담백해 매일 먹어도 질리지 않아요. 바게트나 플랫 브레드 같은 식사용 빵을 곁들이면 든든한 한 끼 식사로 손색없어요.

INGREDIENT

감자 1개
양파 1/4개
캐슈너트 1/2컵
물 또는 채수 2컵
마늘 1개
코코넛오일 1작은술
소금·후춧가루 조금씩

HOW TO COOK

STEP 1 **채소 썰기**
감자는 작게 깍둑썰기하고 양파는 채 썬다. 마늘은 얇게 저민다.

STEP 2 **양파·마늘 볶기**
팬에 코코넛오일을 두르고 양파를 볶다가 마늘을 넣어 1분간 볶는다.

STEP 3 **수프 끓이기**
물, 감자, 캐슈너트를 넣고 감자가 익을 때까지 끓인다.

STEP 4 **믹서에 갈아 데우기**
수프를 한 김 식혀 믹서에 간 뒤 냄비에 옮겨 데운다.

STEP 5 **소금·후춧가루로 간하기**
수프를 볼에 담고 소금·후춧가루로 간한다.

TIP
물 대신 코코넛밀크를 넣어보세요. 더 부드럽고 진한 감자 수프를 만들 수 있어요.

고구마 수프

고구마와 양파, 코코넛밀크로 맛을 낸 수프예요. 달콤하고 부드러워 남녀노소 누구나 좋아해요. 칼로리가 낮고 포만감이 커 다이어트용 식사로도 좋아요.

INGREDIENT

고구마 1개
양파 1/4개
코코넛밀크 1/2컵
물 1½컵

코코넛오일 1작은술
시나몬파우더 1/2작은술
생강가루 1/2작은술
소금 조금

HOW TO COOK

STEP 1 **고구마·양파 썰기**
고구마는 작게 깍둑썰기하고 양파는 채 썬다.

STEP 2 **양파 볶기**
팬에 코코넛오일을 두르고 양파가 갈색이 될 때까지 볶는다.

STEP 3 **수프 끓이기**
②의 팬에 고구마, 코코넛밀크, 시나몬파우더, 생강가루를 넣고 물을 부어 고구마가 익을 때까지 끓인다.

STEP 4 **믹서에 갈아 데우기**
수프를 한 김 식혀 믹서에 간 뒤 냄비에 옮겨 데운다.

STEP 5 **소금 간하기**
수프를 그릇에 담고 소금으로 간한다.

TIP
양파를 볶을 땐 불 조절이 중요해요. 우선 센 불에 눌어붙지 않게 저으며 수분을 날리세요. 양파에서 나온 수분이 날아가면 불을 줄이고 양파가 갈색이 될 때까지 볶으면 돼요.
생강가루는 수프의 풍미를 살리지만 기호에 따라 생략해도 좋습니다.

캐롯 진저 수프

당근에 생강가루를 더해 색다른 수프를 만들었어요. 달착지근한 당근과 맵싸한 생강 맛이 의외로 잘 어울린답니다. 겨울철 몸을 따뜻하게 해줄 간식으로 준비해보세요.

INGREDIENT

당근 2개
양파 1/2개
물 또는 채수 2컵
코코넛오일 1작은술
생강가루 1작은술
소금 조금

HOW TO COOK

STEP 1 **양파 볶기**
팬에 코코넛오일을 두르고 채 썬 양파를 볶는다.

STEP 2 **나머지 재료 익히기**
당근, 생강, 물을 넣고 당근이 뭉근해질 때까지 끓인다.

STEP 3 **믹서에 갈아 데우기**
수프를 한 김 식혀 믹서에 간 뒤 냄비에 옮겨 데운다.

STEP 4 **소금 간하기**
수프를 볼에 담고 소금으로 간한다.

TIP
생강가루 대신 같은 양의 생강을 채 썰거나 다져 넣어도 좋아요.

토마토 가스파초

토마토 가스파초는 스페인 안달루시아 지방에서 여름에 즐기는 차가운 수프예요. 상큼한 토마토와 향긋한 바질이 만나 입맛을 돋워주는 애피타이저로 그만입니다.

INGREDIENT

토마토 3개
양파 1/4개
레몬즙 2작은술
올리브오일 1큰술
물 1/2컵

바질가루 조금
소금 조금

HOW TO COOK

STEP 1 토마토·양파 자르기
토마토는 꼭지를 떼어 4등분하고 양파는 채 썬다.

STEP 2 믹서에 갈기
믹서에 토마토, 양파, 레몬즙, 올리브오일, 물을 넣고 곱게 간다.

STEP 3 볼에 담고 간하기
수프를 볼에 옮겨 담아 소금으로 간한 뒤 바질가루를 뿌린다.

TIP
빨간 파프리카 1/2개를 함께 갈면 색이 더 선명해져요.

양송이 수프

단백질이 풍부한 양송이버섯으로 수프를 만들어보세요. 맛과 향이 강하지 않아 각종 파스타나 구이의 곁들이 수프로 잘 어울려요. 담백한 아침식사로도 좋답니다.

INGREDIENT

양송이버섯 4개
양파 1/2개
두부 50g
물 또는 채수 2컵
마늘 1개

코코넛오일 1작은술
옥수수전분 2작은술
소금·후춧가루 조금씩

HOW TO COOK

STEP 1 **채소 썰기**
양파는 채 썰고 마늘과 양송이버섯은 얇게 저민다.

STEP 2 **양파·마늘·버섯 볶기**
팬에 코코넛오일을 두르고 양파를 볶다가 양송이버섯과 마늘을 넣고 2분간 볶는다.

STEP 3 **수프 끓이기**
물, 두부, 옥수수전분을 넣고 푹 끓인다.

STEP 4 **믹서에 갈아 데우기**
수프를 한 김 식혀 믹서에 간 뒤 냄비에 옮겨 데운다.

STEP 5 **소금·후춧가루로 간하기**
수프를 볼에 담고 소금·후춧가루로 간한다.

TIP
양송이버섯이 남았다면 레몬즙을 뿌려 보관하세요. 버섯이 갈변되는 것을 막을 수 있어요.

검은깨 수프

노화 방지에 좋은 검은깨 수프예요. 안토시아닌이 항산화 작용을 해 시력 회복과 당뇨에도 좋답니다. 만들기 쉽고 맛도 좋은 검은깨 수프로 가족 건강을 지켜보세요.

INGREDIENT

검은깨 1/4컵
쌀 1/3컵
물 3컵
소금 조금

HOW TO COOK

STEP 1 쌀 불리기
쌀을 물에 담가 2시간 이상 불린다.

STEP 2 믹서에 갈기
믹서에 검은깨, 불린 쌀, 물 3컵을 넣고 곱게 간다.

STEP 3 수프 끓이기
냄비에 옮겨 담고 눌어붙지 않게 잘 저으며 끓인다.

STEP 4 소금 간하기
완성되면 수프를 볼에 담고 소금으로 간한다.

TIP
검은깨를 살짝 볶아 사용하면 고소한 맛이 더 좋아요.

파인너트 수프

영양만점 잣으로 만든 건강 수프예요. 양질의 단백질과 불포화지방산을 고스란히 섭취할 수 있고 소화도 잘돼 아이들 간식이나 환자식으로 좋아요.

INGREDIENT

잣 1/2컵
쌀 1/3컵
물 3컵
소금 조금

HOW TO COOK

STEP 1 쌀 불리기
쌀을 물에 담가 2시간 이상 불린다.

STEP 2 믹서에 갈기
믹서에 잣과 쌀, 물 3컵을 넣고 곱게 간다.

STEP 3 수프 끓이기
냄비에 곱게 갈린 쌀, 잣, 물을 넣고 눌어붙지 않도록 저어가며 끓인다.

STEP 4 볼에 담고 간하기
수프를 볼에 옮겨 담고 소금을 넣어 간한 다음 잣을 뿌린다.

TIP
잣은 영양소가 풍부하지만 칼로리가 높은 식품이에요. 다이어트 중이라면 너무 많은 양을 섭취하지 않는 것이 좋아요.

비트 수프

화려한 색으로 눈을 사로잡는 비트 수프예요. 비트는 익는 과정에서 씁싸름한 맛이 없어지고 체내 흡수율이 높아진답니다. 예쁘고 맛도 좋은 비트 수프로 몸에 생기를 불어넣으세요.

INGREDIENT

비트·양파·당근 1/2개씩
토마토 1개
셀러리 1/2대
물 또는 채수 3컵
레몬즙 1작은술
코코넛오일 1작은술
다진 마늘 1/2작은술
소금 조금

HOW TO COOK

STEP 1 채소 썰기
비트와 당근은 작게 깍둑썰기하고 양파는 채 썬다.

STEP 2 양파 볶기
팬에 코코넛오일을 두르고 양파를 볶다가 셀러리와 마늘을 넣고 1분 더 볶는다.

STEP 3 수프 끓이기
②의 팬에 비트, 당근, 토마토, 레몬즙, 물을 넣고 재료가 익을 때까지 끓인다.

STEP 4 믹서에 갈아 데우기
수프를 한 김 식혀 믹서에 간 뒤 냄비에 옮겨 데운다.

STEP 5 소금·후춧가루로 간하기
수프를 볼에 담고 소금·후춧가루로 간한다.

TIP
셀러리의 독특한 향이 익숙하지 않다면 기호에 따라 양을 조절하세요.

병아리콩 수프

병아리콩으로 고소하고 부드러운 데일리 수프를 만들어보세요. 병아리콩은 칼로리가 낮고 단백질 함량이 높아 다이어트 식품으로 제격이랍니다.

INGREDIENT

병아리콩 1컵
감자·양파 1/4개씩
아몬드 밀크 3컵
코코넛오일 1작은술

마늘 1개
소금 조금

HOW TO COOK

STEP 1 **병아리콩 삶기**
병아리콩은 6시간 이상 물에 불린 뒤 끓는 물에 삶았다가 건져둔다.

STEP 2 **채소 썰기**
감자는 깍둑썰기하고 양파는 채 썬다. 마늘은 얇게 저민다.

STEP 3 **수프 끓이기**
팬에 코코넛오일을 두르고 양파를 볶다가 병아리콩, 감자, 아몬드 밀크, 마늘을 넣어 끓인다.

STEP 4 **믹서에 갈아 데우기**
한 김 식힌 수프를 믹서에 간 뒤 냄비에 옮겨 데운다.

STEP 5 **볼에 담고 간하기**
수프를 볼에 담고 소금으로 간한다.

TIP
병아리콩은 물에 충분히 불린 다음 삶으세요. 2배 이상 크기로 불었을 때 삶아야 골고루 익어요.

뽀빠이 수프

시금치의 에너지를 듬뿍 담은 뽀빠이 수프예요. 고소한 캐슈너트와 함께 갈아 채소 먹기 싫어하는 아이들도 잘 먹는답니다. 간식으로도 좋고 빵을 곁들여 식사용으로 준비해도 좋아요.

INGREDIENT

시금치 1컵
감자 1/2개
양파 1/4개
캐슈너트 1/2컵
삶은 병아리콩 1/4컵

물 또는 채수 2컵
마늘 1개
식용유 1작은술
소금 조금

HOW TO COOK

STEP 1 **채소 준비하기**
감자는 작게 깍둑썰기하고, 양파는 채 썬다. 마늘은 얇게 썰고 시금치는 밑동을 잘라 적당한 크기로 썬다.

STEP 2 **양파·마늘 볶기**
팬에 식용유를 두르고 양파가 갈색이 될 때까지 볶다가 마늘을 넣어 1분간 볶는다.

STEP 3 **수프 끓이기**
②의 팬에 시금치, 감자, 캐슈너트, 병아리콩을 넣고 물을 부어 감자가 익을 때까지 끓인다.

STEP 4 **믹서에 갈아 데우기**
수프를 한 김 식혀 믹서에 간 뒤 냄비에 옮겨 데운다.

STEP 5 **볼에 담고 간하기**
수프를 볼에 담고 소금으로 간한다.

TIP
기호에 따라 캐슈너트 대신 해바라기씨로 대체해도 좋아요.

아욱 그레인 수프

아욱은 중국에서 채소의 왕이라고 불릴 정도로 영양이 풍부한 채소예요. 아욱에 쌀과 오트밀을 넣고 된장으로 간을 해 수프를 만들어보세요. 짭조름하고 고소한 맛이 입맛을 돋워줘요.

INGREDIENT

아욱 1컵
불린 쌀 1/4컵
오트밀 1/4컵
물 또는 채수 3컵
된장 1작은술
참기름 조금

HOW TO COOK

STEP 1 쌀 불리기
쌀을 물에 담가 2시간 이상 불린다.

STEP 2 믹서에 갈기
믹서에 아욱, 불린 쌀, 오트밀, 물 2컵을 넣고 곱게 간다.

STEP 3 수프 끓이기
냄비에 옮겨 된장으로 간하고 눌어붙지 않게 저어가며 끓인다.

STEP 4 참기름 뿌리기
완성되면 접시에 옮겨 담고 참기름을 조금 뿌린다.

TIP
아욱은 줄기를 꺾어 질긴 껍질을 벗긴 뒤 소금을 넣고 주물러 씻으면 풋내를 없앨 수 있어요.

에너지 수프

몸에 좋은 효소를 파괴하지 않고 섭취할 수 있는 건강 수프예요. 아보카도와 아몬드, 새싹채소를 듬뿍 넣은 수프 한 그릇으로 새싹의 에너지를 느껴보세요.

INGREDIENT

아보카도 1/2개
아몬드 1/2컵
새싹채소 1/2컵
양파 1/8개
다진 마늘 1/2작은술

아가베시럽 1/2작은술
물 2컵
소금·후춧가루 조금씩
헴프시드 1큰술

HOW TO COOK

STEP 1 재료 준비하기
아보카도는 속을 발라내 적당한 크기로 자른다. 양파는 채 썰고 마늘은 얇게 썬다.

STEP 2 믹서에 갈기
믹서에 모든 재료를 넣고 곱게 간다.

STEP 3 접시에 담고 헴프시드 뿌리기
접시에 담고 소금·후춧가루로 간한 뒤 헴프시드를 뿌린다.

TIP
새싹채소 대신 케일, 로메인 같은 잎채소로 대체해도 좋아요.

커리 수프

고구마, 양파 등 단맛 나는 채소에 코코넛밀크, 커리가루를 넣어 부드럽고 향긋한 커리 수프를 만들었어요. 플랫 브레드 같은 빵을 곁들이면 든든한 한 끼로 손색없어요.

INGREDIENT

고구마·당근·양파 1/2개
물 또는 채수 1½컵
코코넛밀크 1/2컵
코코넛오일 1작은술
커리가루 2작은술
생강가루 1/2작은술
강황가루 1/4작은술
소금·후춧가루 조금씩

HOW TO COOK

STEP 1 채소 썰기
고구마와 당근은 작게 깍둑썰기하고 양파는 채 썬다.

STEP 2 양파 볶기
팬에 코코넛오일을 두르고 양파를 볶다가 커리가루, 생강가루, 강황가루를 넣고 1분간 볶는다.

STEP 3 수프 끓이기
②에 코코넛밀크, 고구마, 당근, 물을 넣고 고구마와 당근이 익을 때까지 끓인다.

STEP 4 믹서에 갈아 데우기
한 김 식혀 믹서에 간 뒤 냄비에 옮겨 데운다. 다 되면 그릇에 담고 소금·후춧가루로 간한다.

TIP
커리가루를 구입할 때는 성분표시를 확인하세요. 커리가루는 강황 외에도 커민, 고수 등 다양한 향신료가 혼합되어있어요. 첨가물이 들어있지 않고 향신료의 비율이 높은 것이 풍미가 더 깊어요.

디톡스 수프

다양한 채소와 과일의 영양을 한 번에 섭취할 수 있는 해독 수프예요. 식이섬유와 비타민이 풍부해 꾸준히 섭취하면 다이어트와 건강 유지에 효과적이랍니다.

INGREDIENT

토마토 1개
바나나 1개
사과 1/2개
당근 1/2개

양배추 1/8통
브로콜리 1/3개
물 3컵

HOW TO COOK

STEP 1 **과일 손질하기**
토마토는 꼭지를 떼어 4등분하고 사과와 바나나 껍질을 벗겨 적당한 크기로 썬다.

STEP 2 **채소 썰기**
당근은 작게 깍둑썰기하고 브로콜리와 양배추는 적당한 크기로 썬다.

STEP 3 **수프 끓이기**
냄비에 토마토, 당근, 브로콜리, 양배추, 물을 넣고 당근이 뭉근해질 때까지 끓인다.

STEP 4 **믹서에 갈기**
수프를 한 김 식힌 뒤 믹서에 옮겨 담고 사과와 바나나를 넣어 곱게 간다.

TIP
끓이는 과정을 생략하고 스무디처럼 갈아 마셔도 되지만, 소화 기능이 약하다면 위에 부담이 될 수 있으니 주의하세요.

Part 3

스무디 볼
Smoothie Bowl

한 번에 많이 먹기 힘든 채소나 과일도 스무디로 만들면 충분한 양을 섭취할 수 있어요. 신선한 제철 채소와 과일을 준비해 건강한 음료를 만들어보세요. 비타민과 미네랄, 효소가 풍부한 스무디 한 잔이 생기 넘치는 하루를 만들어줄 거예요.

그린티 볼

바나나의 달콤함과 보리싹의 쌉싸름한 맛이 어우러진 스무디 볼이에요. 간식으로도 좋지만 그래놀라 같은 토핑을 넉넉히 올려 준비하면 한 끼 식사로 충분해요.

INGREDIENT

냉동 바나나 2컵
냉동 아보카도 1/2컵
시금치 1컵
아몬드 1/2컵
물 1/2컵
보리싹가루 1큰술

토핑 그래놀라
      코코넛가루
      치아시드
      헴프시드
      보리싹가루

HOW TO COOK

STEP 1 시금치 손질하기
시금치는 밑동을 잘라 적당한 크기로 썬다.

STEP 2 믹서에 갈기
믹서에 냉동 바나나, 냉동 아보카도, 시금치, 아몬드, 물, 보리싹가루를 넣어 곱게 간다.

STEP 3 토핑 올리기
스무디를 볼에 담고 그래놀라, 코코넛가루, 치아시드, 헴프시드, 보리싹가루를 뿌린다.

TIP

냉동과일 대신 같은 양의 생과일에 얼음 1컵을 추가해 만들어도 됩니다.
보리싹은 비타민과 미네랄이 풍부해 항산화 작용이 뛰어난 식품이에요. 다만 엽록소를 다량 섭취할 경우 피부 장애가 발생할 수 있으니 하루에 1큰술(10g) 정도만 섭취하세요.

골든라테 볼

몸에 좋은 강황을 골든라테 볼로 맛있게 즐겨보세요. 강황과 바나나, 단호박, 시나몬파우더와 만나 이국적인 맛과 향을 낸답니다. 특별한 날 디저트로 준비하면 좋아요.

INGREDIENT 냉동 바나나 1컵   물 1/2컵   토핑 바나나
            단호박 1/2개   얼음 1컵   해바라기씨
            캐슈너트 1/2컵   시나몬파우더
            강황가루 1/2작은술
            시나몬파우더 1/2작은술
            너트멕 1/2작은술

HOW TO COOK

STEP 1 **단호박 퓌레 만들기**
단호박은 푸드 프로세서에 갈아 퓌레를 만든다.

STEP 2 **믹서에 바나나 갈기**
믹서에 냉동 바나나, 캐슈너트, 강황가루, 시나몬파우더, 너트멕, 물을 넣어 간다.

STEP 3 **단호박 퓌레 넣어 갈기**
믹서에 단호박 퓌레와 얼음을 넣어 곱게 간다.

STEP 4 **토핑 올리기**
스무디를 볼에 담고 해바라기씨를 올린 다음 시나몬파우더를 뿌린다.

TIP
단호박 퓌레는 넉넉히 만들어 한 번 먹을 만큼 나눈 뒤 냉동 보관하세요. 수프, 스무디, 베이킹에 요긴하게 쓰인답니다.

트로피컬 볼

달콤한 열대 과일로 만든 트로피컬 볼이에요. 식이섬유가 풍부한 바나나와 단백질 분해 효소가 들어있는 파인애플이 만나 소화불량과 과민성 대장질환 완화에 효과적이랍니다.

INGREDIENT

냉동 바나나 1컵
냉동 망고 1컵
냉동 파인애플 1컵
코코넛워터 1/2컵
두부 20g

토핑 망고
아몬드
코코넛 플레이크
헴프시드

HOW TO COOK

STEP 1 망고 준비하기
망고는 씨를 피해 3등분해서 껍질을 벗긴 다음 네모지게 썬다.

STEP 2 믹서에 갈기
믹서에 냉동 바나나, 냉동 망고, 냉동 파인애플, 코코넛워터, 두부를 넣어 곱게 간다.

STEP 3 토핑 올리기
스무디를 볼에 담고 망고, 아몬드, 코코넛 플레이크, 헴프시드를 올린다.

TIP
바나나, 망고, 파인애플 같은 후숙 과일은 손질해 냉동 보관하세요. 껍질을 벗겨 밀폐용기에 담아 얼려두면 스무디 만드는 과정이 편해져요.

애플파이 볼

달콤한 사과와 향긋한 시나몬파우더로 애플파이 맛이 나는 스무디 볼을 만들어보세요. 고소한 오트밀과 톡톡 씹히는 치아시드를 올리면 든든한 식사로도 좋아요.

INGREDIENT

사과 1개
오트밀 1/2컵
사과주스 1/2컵
아몬드 버터 2큰술
시나몬파우더 1/2작은술
얼음 1컵

토핑   치아시드
       그래놀라

HOW TO COOK

STEP 1 믹서에 오트밀 갈기
믹서에 오트밀, 시나몬파우더, 사과주스를 넣어 간다.

STEP 2 사과·아몬드 버터 넣어 갈기
오트밀을 간 믹서에 사과와 아몬드 버터를 넣어 곱게 간다.

STEP 3 토핑 올리기
스무디를 볼에 담고 치아시드를 넣어 잘 섞은 뒤 그래놀라를 올린다.

TIP
바닐라에센스 1/2작은술을 추가하면 더 향긋한 맛이 나요.

화이트 볼

여름 제철 과일 참외로 달콤하고 상큼한 스무디 볼을 만들었어요. 참외와 코코넛워터를 갈아 만든 스무디에 레몬칩과 애플민트를 올리면 보기도 좋고 맛도 좋은 여름철 간식이 완성돼요.

INGREDIENT   참외 1개   토핑   레몬칩
              양배추 30g   애플민트
              코코넛워터 1/2컵
              레몬즙 1작은술
              소금 조금
              얼음 1/2컵

HOW TO COOK

STEP 1 **재료 손질하기**
참외는 껍질을 벗겨 씨를 제거한 뒤 적당한 크기로 자르고 양배추는 네모지게 썬다.

STEP 2 **믹서에 갈기**
믹서에 참외, 양배추, 코코넛워터, 레몬즙, 소금, 얼음을 넣어 간다.

STEP 3 **토핑 올리기**
스무디를 볼에 담고 레몬칩과 애플민트를 올린다.

TIP
향긋한 레몬칩 만들기
1 레몬에 베이킹소다를 넉넉히 뿌려 깨끗이 씻어낸 뒤 끓는 물에 살짝 데친다.
2 최대한 얇게 슬라이스한 뒤 씨를 제거한다.
3 식품건조기 바스켓에 슬라이스한 레몬을 펼쳐 올린 뒤 45℃에서 12시간가량 건조시킨다.
4 완성된 레몬칩은 밀봉해 냉장 보관한다.

캐롯 볼

당근과 망고를 듬뿍 넣은 캐롯 볼이에요. 당근과 망고에 풍부한 비타민 A는 면역력과 저항력을 높여주고 암과 노화를 방지해준답니다. 달착지근한 스무디 한 잔으로 건강을 챙기세요.

INGREDIENT

당근 1/2개
냉동 망고 2컵
오렌지 1개
코코넛워터 1/2컵
오트밀 1/2컵
레몬즙 1작은술
생강가루 조금

토핑 오렌지
      망고
      코코넛 플레이크

HOW TO COOK

STEP 1 당근·망고 손질하기
당근은 작게 깍둑썰기하고 토핑용 망고는 씨를 제거하고 껍질을 벗겨 적당한 크기로 썬다.

STEP 2 오렌지 넣어 갈기
믹서에 오렌지, 코코넛워터, 레몬즙을 넣어 간다.

STEP 3 당근·망고·오트밀 넣어 갈기
손질한 당근과 냉동 망고, 오트밀을 넣어 곱게 간다.

STEP 4 토핑 올리기
스무디를 볼에 담고 오렌지, 망고, 코코넛 플레이크를 올린다.

TIP
생강가루는 스무디의 풍미를 살리지만 기호에 따라 생략해도 좋아요.

홍시 볼

홍시에 대추칩과 시나몬파우더를 올려 입에서 살살 녹는 스무디 볼을 만들어보세요. 향긋하고 달콤하지만 칼로리는 낮아 여름철 간식으로 제격이랍니다.

INGREDIENT

냉동 홍시 2개
냉동 망고 1컵
코코넛워터 1/2컵
양배추 30g

토핑 대추칩
     그래놀라
     시나몬파우더

HOW TO COOK

STEP 1 **양배추 썰기**
양배추는 흐르는 물에 깨끗이 씻어 네모지게 썬다.

STEP 2 **믹서에 갈기**
믹서에 냉동 홍시, 냉동 망고, 양배추, 코코넛워터를 넣어 곱게 간다.

STEP 3 **토핑 올리기**
스무디를 볼에 담고 대추칩, 그래놀라, 시나몬파우더를 뿌린다.

TIP
홍시를 손질할 때 감꼭지에 붙은 흰 섬유질을 제거해야 변비를 예방할 수 있어요.

배도라지 볼

기침과 가래에 좋은 배와 도라지로 시원한 스무디 볼을 만들었어요. 달콤 쌉싸름한 배도라지 볼은 갈증을 해소하는 여름철 건강 간식으로 최고예요.

INGREDIENT

배 1개
도라지 20g
코코넛워터 1/2컵
레몬즙 1작은술
소금 조금
얼음 1컵

토핑 부순 호두
       대추칩

HOW TO COOK

STEP 1 배·도라지 손질하기
배와 도라지는 껍질을 벗겨 적당한 크기로 썬다.

STEP 2 믹서에 갈기
믹서에 배, 도라지, 코코넛워터, 레몬즙, 소금, 얼음을 넣어 간다.

STEP 3 토핑 올리기
스무디를 볼에 담고 호두와 대추칩을 올린다.

TIP
도라지의 쓴맛을 없애면 아이들도 잘 먹어요. 껍질을 벗긴 뒤 끓는 물에 소금을 넣어 데치면 쓴맛을 없앨 수 있어요.

스위트 토마토 볼

다이어트 중이라면 저칼로리 토마토로 스무디를 만들어보세요. 잘 익은 토마토에 식물성 섬유가 풍부한 셀러리와 철분이 풍부한 비트를 더하면 맛과 영양까지 완벽한 스무디 볼이 완성돼요.

INGREDIENT

토마토 1개
비트 1/4개
냉동 딸기 2컵
셀러리 1/2대
사과주스 1/2컵

토핑 방울토마토
그래놀라

HOW TO COOK

STEP 1 채소 손질하기
비트는 껍질을 벗겨 작게 깍둑썰기하고 셀러리는 겉껍질을 벗겨 적당한 크기로 썬다.

STEP 2 믹서에 갈기
믹서에 토마토, 비트, 냉동 딸기, 셀러리, 사과주스를 넣어 곱게 간다.

STEP 3 용기에 담기
스무디를 컵이나 볼에 담고 방울토마토와 그래놀라를 올린다.

TIP
토마토를 넣을 때 식물성오일 1작은술을 넣어보세요. 토마토에 풍부한 라이코펜 흡수율이 높아져요.

에브리그린 볼

쉽게 구할 수 있는 재료로 만드는 그린 스무디예요. 케일과 오이의 청량함과 사과와 청포도의 단맛이 잘 어우러져 매일 먹어도 질리지 않아요. 데일리 스무디로 만들어보세요.

INGREDIENT

사과 1/2개
오이 1/5개
케일 5장
냉동 아보카도 1/2컵
냉동 청포도 2컵
사과주스 1/2컵

토핑 바나나
     청포도
     부순 호두
     치아시드

HOW TO COOK

STEP 1 **재료 손질하기**
사과는 껍질을 벗겨 적당한 크기로 자르고 오이와 케일은 적당한 크기로 썬다.

STEP 2 **믹서에 갈기**
믹서에 사과주스, 오이, 사과, 케일, 냉동 아보카도, 냉동 청포도를 넣어 곱게 간다.

STEP 3 **토핑 올리기**
스무디를 볼에 담고 바나나, 청포도, 호두, 치아시드를 올린다.

TIP
믹서에 재료를 넣을 땐 액체나 무른 재료를 먼저 넣으세요. 물이나 주스, 우유를 먼저 넣고 무른 재료를 넣은 다음 단단한 재료를 넣어야 걸림 없이 쉽게 갈 수 있어요.

초코마니아 볼

진한 초콜릿 맛이 매력적인 스무디예요. 아보카도와 바나나에 카카오가루를 섞어 부드러운 스무디를 만들고 카카오닙스를 올려 진한 향을 입혔어요. 초콜릿이 당길 때 꼭 만들어보세요.

INGREDIENT   냉동 바나나 2컵   토핑 바나나
              냉동 아보카도 1/2컵   코코넛 플레이크
              캐슈너트 1/2컵   카카오닙스
              카카오가루 2큰술
              메이플시럽 2큰술
              물 1/2컵

HOW TO COOK

STEP 1 바나나 썰기
바나나는 0.5cm 두께로 썰어 준비한다.

STEP 2 믹서에 갈기
믹서에 냉동 바나나, 냉동 아보카도, 캐슈너트, 카카오가루, 메이플시럽, 물을 넣어 간다.

STEP 3 토핑 올리기
스무디를 볼에 담고 바나나, 코코넛 플레이크, 카카오닙스를 올린다.

TIP
기호에 따라 바닐라에센스를 조금 넣어도 좋아요.
메이플시럽은 아가베시럽이나 스테비아로 대체할 수 있습니다.

애플 모히토 볼

칵테일 맛이 나는 상큼한 스무디예요. 사과와 라임주스, 애플민트를 갈아 간단하게 만들어 보세요. 청량하고 시원한 스무디 한 잔이 오후의 나른함을 날려줄 거예요.

INGREDIENT

사과 1/2개
라임주스 1/4컵
아가베시럽 1큰술
애플민트 20g
얼음 2컵

토핑 그래놀라
       애플민트

HOW TO COOK

STEP 1 사과 손질하기
사과는 씨를 제거한 후 적당한 크기로 썬다.

STEP 2 믹서에 갈기
믹서에 사과, 라임주스, 아가베시럽, 애플민트, 얼음을 넣어 곱게 간다.

STEP 3 토핑 올리기
스무디를 볼에 담고 그래놀라와 애플민트를 올린다.

TIP
사과 껍질에는 항산화 작용에 뛰어난 쿼세틴이 많이 들어있어요. 가능하다면 깨끗이 씻어 껍질째 쓰세요.

플레인 요거트 볼

몇 가지 재료로 간단하게 만드는 플레인 요거트 볼이에요. 새콤한 요거트에 메이플시럽, 바닐라 에센스로 달콤함을 더하고 얼음과 함께 갈면 완성됩니다. 입가심용 디저트로 그만이에요.

INGREDIENT

비건 요거트 2컵
메이플시럽 2큰술
바닐라에센스 1작은술
얼음 1컵

토핑 바나나
     그래놀라

HOW TO COOK

STEP 1 바나나 썰기
바나나는 동그랗게 슬라이스 한다.

STEP 2 믹서에 갈기
믹서에 비건 요거트, 메이플시럽, 바닐라에센스, 얼음을 넣어 간다.

STEP 3 토핑 올리기
스무디를 볼에 담고 바나나와 그래놀라를 올린다.

TIP
직접 만든 비건 요거트(만드는 법 p.23 참조)는 단맛이 거의 없고 신맛이 강해요. 메이플시럽으로 단맛을 더하면 훨씬 맛있게 먹을 수 있어요.

딸기 요거트 볼

상큼한 디저트가 생각날 땐 딸기 요거트 볼을 만들어보세요. 딸기를 듬뿍 넣고 메이플시럽으로 풍미를 더하면 카페에서 먹는 것 못지않답니다. 칼로리가 낮아 다이어트에도 좋아요.

INGREDIENT

냉동 딸기 1컵
비건 요거트 1컵
메이플시럽 1큰술
얼음 1컵

토핑 딸기
치아시드

HOW TO COOK

STEP 1 딸기 썰기
토핑용 딸기는 꼭지를 자르고 모양을 살려 얇게 슬라이스한다.

STEP 2 믹서에 갈기
믹서에 냉동 딸기, 비건 요거트, 메이플시럽, 얼음을 넣어 곱게 간다.

STEP 3 토핑 올리기
스무디를 볼에 담고 슬라이스한 딸기와 치아시드를 올린다.

TIP

치아시드는 다양한 미네랄과 오메가 3, 식이섬유가 풍부한 식품이에요. 물에 불려 먹으면 소량으로도 쉽게 포만감을 주어 다이어트 식품으로 좋습니다. 하지만 너무 많이 섭취하면 식이섬유가 위장 장애를 유발할 수 있기 때문에 하루에 15g 미만으로 섭취하는 것이 좋아요.

아사이베리 요거트 볼

'생명의 열매' 아사이베리를 넣은 요거트 볼이에요. 달콤한 블루베리와 새콤한 요거트로 아사이베리의 떫은맛을 없애 아이들도 잘 먹어요. 우리 가족 건강 지켜줄 스무디로 준비해보세요.

INGREDIENT

냉동 블루베리 1컵
비건 요거트 1컵
아사이베리가루 1큰술
메이플시럽 1큰술
얼음 1컵

토핑 블루베리
　　 코코넛 플레이크

HOW TO COOK

STEP 1 믹서에 갈기
믹서에 냉동 블루베리, 비건 요거트, 아사이베리가루, 메이플시럽, 얼음을 넣고 간다.

STEP 2 용기에 담기
스무디를 컵이나 볼에 담고 블루베리와 코코넛 플레이크를 올린다.

TIP
블루베리 껍질에도 안토시아닌이 많이 들어있으니 오래 씻지 마세요. 흐르는 물로 껍질의 먼지 정도만 제거하고 섭취하는 것이 좋습니다.

킹스베리 볼

10대 슈퍼푸드 중 하나인 블루베리와 왕의 열매라고 불리는 아로니아로 항산화 효과가 뛰어난 스무디 볼을 만들었어요. 새콤달콤 맛 좋은 스무디 볼 한 잔으로 젊음을 유지하세요.

INGREDIENT

냉동 블루베리 1컵
냉동 바나나 1컵
냉동 딸기 1컵
사과주스 1/2컵
아로니아가루 1큰술

토핑 바나나
     블루베리
     그래놀라

HOW TO COOK

STEP 1 믹서에 바나나 갈기
믹서에 냉동 바나나와 사과주스, 아로니아가루를 넣어 간다.

STEP 2 블루베리·딸기 넣어 갈기
냉동 블루베리와 냉동 딸기를 넣어 간다.

STEP 3 토핑 올리기
스무디를 볼에 담고 블루베리, 그래놀라, 바나나를 올린다.

TIP
아로니아에 들어있는 영양소는 열에 약해 쉽게 파괴돼요. 아로니아가루를 구입할 때 동결건조 방식으로 제조된 제품인지 확인하세요.

프로틴 볼

미란다 커가 즐겨 마신다는 해독주스를 스무디 볼로 재탄생시켰어요. 스피룰리나, 아사이베리 등 피부 미용과 다이어트에 뛰어난 재료들이 넣어 아름다움을 지켜줄 스무디를 만들어보세요.

INGREDIENT

바나나 2컵
코코넛밀크 1/2컵
코코넛워터 1/2컵
스피룰리나 1큰술
아사이베리가루 1큰술
구기자가루 1큰술

카카오가루 1큰술
마카가루 1큰술
치아시드 1큰술
헴프시드 1큰술
얼음 1컵

토핑 그래놀라

HOW TO COOK

STEP 1 믹서에 갈기
믹서에 바나나, 코코넛밀크, 코코넛워터를 넣어 간다.

STEP 2 나머지 재료 넣어 갈기
나머지 재료를 넣고 곱게 간다.

STEP 3 볼에 담기
스무디를 볼에 담고 그래놀라를 올린다.

TIP
스피룰리나는 풍부한 단백질로 주목받는 식품이에요. 단백질을 69%나 함유하고 있어 운동 전후로 섭취하면 근육 회복에 뛰어난 효과를 보인답니다. 비타민, 미네랄도 풍부해 노화 방지, 피부 미용, 면역력 증진에도 효과가 있어요. 하지만 너무 많이 섭취하면 신장에 부담을 줘 부종이 발생할 수 있기 때문에 하루에 10g 미만으로 섭취하는 것이 좋아요.

Part 4

샐러드
Salad

다이어트는 물론 건강에도 좋은 샐러드. 신선한 채소에 샐러드의 맛을 높여주는 드레싱을 곁들여 준비해보세요. 비타민과 미네랄이 풍부한 채소에 콩, 두부, 버섯 등을 더하면 균형 잡힌 한 끼 식사로 충분해요. 가볍고 맛있는 샐러드로 상큼한 자연의 에너지를 느껴보세요.

아보카도 샐러드

하와이 전통음식 포케볼을 연상케 하는 샐러드예요. 참치회 없이 아보카도와 채소, 드레싱만으로도 충분히 포케볼 맛을 낼 수 있답니다. 특별한 샐러드가 생각나는 날 준비해보세요.

INGREDIENT 아보카도 1개   김가루 2큰술   드레싱 간장 2작은술
양상추 1/2통   레몬즙 1큰술
샐러드 채소 40g   올리브오일 2큰술
오이 1/2개   고추냉이 1/2작은술
양파 1/4개

HOW TO COOK

STEP 1 **아보카도 준비하기**
아보카도는 반으로 갈라 씨를 제거하고 속만 발라낸다.

STEP 2 **채소 준비하기**
양상추와 샐러드 채소는 먹기 좋게 뜯고 오이는 깍둑썰기한다. 양파는 얇게 채 썬다.

STEP 3 **드레싱 만들기**
드레싱 재료를 잘 섞는다.

STEP 4 **접시에 담기**
채소와 아보카도를 접시에 소복하게 담고 드레싱을 끼얹은 뒤 김가루를 뿌린다.

TIP
아보카도 안전하게 손질하기
1 칼을 넣어 씨를 중심으로 반 가른다.
2 비틀어 반으로 분리한다.
3 씨를 칼로 찍어 돌리거나 숟가락으로 뺀 뒤 껍질을 벗긴다.
… 아보카도는 과육이 부드러워 미끄러지기 쉬우니 다치지 않게 주의하세요.

루비레드 샐러드

쌉싸름한 맛이 매력적인 자몽으로 눈과 입 모두를 사로잡는 루비레드 샐러드를 만들었어요.
자몽과 아보카도, 올리브오일 드레싱이 어우러져 부드러우면서도 상큼한 맛이 난답니다.

INGREDIENT

자몽 1개
아보카도 1/2개
버터헤드 레터스 1/4통
양파 1/4개

드레싱 올리브오일 2큰술
레몬즙 1큰술
바질가루 1작은술
소금 조금

HOW TO COOK

STEP 1 과일 준비하기
자몽은 속껍질까지 깨끗하게 벗겨 준비한다. 아보카도는 슬라이스한다.

STEP 2 채소 준비하기
버터헤드 레터스는 먹기 좋은 크기로 뜯고 양파는 채 썬다.

STEP 3 드레싱 만들기
드레싱 재료를 잘 섞는다.

STEP 4 접시에 담기
자몽과 아보카도, 버터헤드 레터스, 양파를 접시에 담고 드레싱을 끼얹는다.

TIP
자몽을 말끔하게 손질해야 할 때는 끓는 물을 이용해보세요. 자몽을 끓는 물에 2분간 데친 뒤 찬물로 헹구고 껍질을 벗기면 속껍질까지 깨끗하게 벗길 수 있습니다.

레몬오일 샐러드

레몬과 올리브오일, 아가베시럽을 섞어 깔끔한 맛의 드레싱을 만들었어요. 몸과 마음이 지친 날 상큼한 레몬오일 샐러드로 마무리해보세요.

INGREDIENT

양상추 1/2통
방울토마토 1컵
샐러드 채소 40g
쿠스쿠스 2큰술

레몬 제스트 조금

드레싱   레몬즙 1큰술
         올리브오일 2큰술
         아가베시럽 1작은술
         소금 조금

HOW TO COOK

STEP 1 쿠스쿠스 불리기
쿠스쿠스는 30분가량 물에 불린다.

STEP 2 채소 준비하기
양상추는 먹기 좋게 뜯고 비타민과 치커리는 깨끗이 씻어 물기를 뺀다.

STEP 3 드레싱 만들기
드레싱 재료를 잘 섞는다.

STEP 4 접시에 담기
접시에 재료를 모두 담고 양상추와 방울토마토, 샐러드 채소, 쿠스쿠스를 담고 드레싱을 끼얹은 뒤 레몬 제스트를 뿌린다.

TIP
쿠스쿠스는 듀럼밀을 거칠게 갈아 만든 곡물이에요. 좁쌀처럼 작은 쿠스쿠스는 열량이 낮고 비타민과 단백질이 풍부하게 들어있어 다이어트에 효과적이랍니다. 물에 30분 정도 불려 수프나 샐러드에 올리면 씹는 맛이 좋아요. 쿠스쿠스와 비슷하지만 더 쉽게 구할 수 있는 재료로는 현미가 있어요. 현미 역시 식이섬유가 풍부해 다이어트에 도움이 되고, 요리에 곁들이면 고소한 맛과 씹는 맛까지 좋아져요. 쿠스쿠스보다 단단하니 8시간 이상 충분히 물에 불려 사용해야 해요.

스파이시 당근 누들 샐러드

야식이 생각날 때는 스파이시 당근 누들 샐러드를 만들어보세요. 매콤하고 짭조름한 드레싱을 당근 면과 채소 위에 끼얹으면, 한밤중 야식으로도 부담 없는 샐러드가 완성돼요.

INGREDIENT

양상추 1/4통
당근 1개
노랑 파프리카 1/2개

부순 캐슈너트 1/2컵

드레싱
간장 1작은술
고춧가루 1작은술
다진 마늘 1작은술
아가베시럽 1큰술
올리브오일 2큰술
레몬즙 1큰술

HOW TO COOK

STEP 1 당근 면 만들기
당근은 껍질을 벗겨 회전 채칼이나 줄리엔 필러로 깎아 면을 만든다.

STEP 2 채소 준비하기
양상추는 먹기 좋게 뜯고 파프리카는 채 썬다.

STEP 3 접시에 담기
접시에 당근 면을 담고 양상추와 파프리카를 올린다.

STEP 4 드레싱 뿌리기
드레싱 재료를 섞어 뿌린 뒤 마지막에 캐슈너트를 뿌린다.

TIP
고춧가루는 기호에 따라 양을 조절하거나 카엔페퍼 등 매운맛을 내는 향신료로 대체해보세요.

이탈리안 파스타 샐러드

새콤하고 짭짤한 드레싱을 곁들여 파스타와도 잘 어울리는 샐러드예요. 여름철 상큼하고 가벼운 요리가 생각날 때 만들어보세요.

INGREDIENT

푸실리 50g
애호박 1/2개
샐러드 채소 40g
방울토마토 6개
소금 조금

올리브 4개

드레싱 간장 1큰술
식초 1큰술
올리브오일 2큰술
아가베시럽 1큰술
후춧가루 조금

HOW TO COOK

STEP 1 **푸실리 준비하기**
끓는 물에 소금을 넣어 푸실리를 8분간 삶고 체에 밭쳐 물기를 뺀다.

STEP 2 **호박 면 만들기**
호박은 회전 채칼이나 줄리엔 필러로 깎아 호박 면을 만든다.

STEP 3 **드레싱 만들기**
드레싱 재료를 잘 섞는다.

STEP 4 **접시에 담기**
접시에 푸실리와 호박 면, 샐러드 채소, 방울토마토를 올린 뒤 드레싱을 끼얹고 올리브를 올린다.

TIP
푸실리나 채소 면 대신 스파게티나 페투치네 등 다른 파스타를 사용해도 좋아요.

워터멜론 샐러드

레몬즙과 소금만 사용해 재료 본래의 맛과 향을 살린 수박 샐러드예요. 대표적인 여름 과일 수박과 참외를 색다르게 즐길 수 있는 레시피이니 꼭 한번 만들어보세요.

INGREDIENT

수박 1/4통
참외 1개

부순 호두 1/2컵
애플민트 10g

드레싱 레몬즙 3큰술
　　　　소금 조금

HOW TO COOK

STEP 1 **수박·참외 준비하기**
수박은 깍둑썰기하고 참외는 속은 제거한 뒤 적당한 크기로 썬다.

STEP 2 **드레싱 만들기**
레몬즙과 소금을 섞어 드레싱을 만든다.

STEP 3 **접시에 담기**
접시에 수박과 참외를 담고 드레싱을 끼얹은 뒤 부순 호두와 애플민트를 올린다.

TIP
기호에 따라 바질 등 좋아하는 허브를 추가하세요.

월도프 샐러드

사과와 오이, 호두, 건포도를 마요네즈와 함께 버무려 먹는 월도프 샐러드. 남녀노소 불문하고 사랑받는 샐러드 중 하나예요. 직접 만든 비건 마요네즈로 더 담백하고 가볍게 즐겨보세요.

INGREDIENT

사과 2개
오이 1/2개
양상추 1/4통
셀러리 2대

부순 호두 1컵
건포도 1/3컵

드레싱 비건 마요네즈 1/2컵
       홀그레인 머스터드 1작은술

HOW TO COOK

STEP 1 **재료 준비하기**
사과와 오이는 깍둑썰기하고 셀러리는 어슷썰기 한다. 양상추는 먹기 좋은 크기로 뜯는다.

STEP 2 **드레싱 만들기**
비건 마요네즈와 머스터드를 잘 섞는다.

STEP 3 **샐러드 재료 섞기**
준비한 샐러드 재료를 모두 넣고 고루 버무린다.

STEP 4 **호두·건포도 뿌리기**
샐러드를 접시에 담고 부순 호두와 건포도를 뿌린다.

TIP
아몬드, 캐슈너트 등 다양한 견과류를 추가하면 고소함과 씹는 맛이 더 좋아져요.

그릭 샐러드

그리스에서 여름에 즐겨먹는다는 건강 샐러드예요. 비건 레시피에서는 페타 치즈 대신 두부를 넣고 호두를 뿌려 재미있는 식감과 영양을 챙겼어요.

INGREDIENT

방울토마토 12개
오이 1/2개
양파 1/4개
올리브 6개
두부 60g
샐러드 채소 20g

부순 호두 1/2컵
헴프시드 1큰술

드레싱
올리브오일 2큰술
레몬즙 1큰술
소금·후춧가루 조금씩

HOW TO COOK

STEP 1 재료 준비하기
방울토마토는 반 자르고 오이와 두부는 깍둑썰기한다. 양파는 얇게 채 썬다.

STEP 2 드레싱 만들기
드레싱 재료를 잘 섞는다.

STEP 3 접시에 담기
접시에 샐러드를 담고 드레싱을 끼얹은 뒤 호두와 헴프시드를 뿌린다.

TIP
샐러드 채소 대신 루콜라를 넣어도 좋아요.
드레싱에 상큼한 맛을 더하고 싶다면 식초 1/2큰술, 다진 양파 1큰술을 더해 보세요.

요거트 샐러드

상큼한 과일에 비건 요거트를 올린 샐러드예요. 새콤달콤한 요거트 드레싱은 모든 과일에 잘 어울린답니다. 고소한 그래놀라와 브라질너트를 더하면 든든한 한 끼로 좋아요.

INGREDIENT

바나나 3개
방울토마토 10개
오렌지 1개
오이 1/2개
블루베리 1컵
양상추 1/4통

그래놀라 1컵
브라질너트 3개

드레싱   비건 요거트 1컵
         메이플시럽 2큰술

HOW TO COOK

STEP 1 **재료 준비하기**
토마토는 반 자르고, 오이와 바나나는 어슷하게 썬다. 양상추는 먹기 좋은 크기로 뜯는다.

STEP 2 **드레싱 만들기**
요거트와 메이플시럽을 잘 섞어 드레싱을 만든다.

STEP 3 **접시에 담기**
샐러드 재료를 담고 드레싱을 끼얹은 뒤 브라질너트와 그래놀라를 올린다.

TIP
양상추는 칼로 썰면 단면이 쉽게 갈변하므로 손으로 뜯어 준비하세요.

과카몰리 샐러드

대표적인 멕시코 소스 과카몰리를 샐러드로 만들었어요. 아보카도와 라임즙을 넣은 올리브 오일 드레싱이 만나 이국적인 맛을 낸답니다. 과카몰리 샐러드로 남미의 맛을 느껴보세요.

INGREDIENT

아보카도 2개
방울토마토 10개
노랑 파프리카 1/2개
양파 1/4개
삶은 검은콩 1/2컵

고수 조금

드레싱 올리브오일 2큰술
라임즙 1큰술
소금·후춧가루 조금

HOW TO COOK

STEP 1 재료 준비하기
아보카도와 파프리카는 깍둑썰기하고 방울토마토는 반 자른다. 양파는 채 썬다.

STEP 2 드레싱 만들기
드레싱 재료를 잘 섞는다.

STEP 3 접시에 담기
접시에 아보카도와 채소, 삶은 검은콩을 담고 드레싱을 끼얹은 뒤 고수를 올린다.

TIP
블랙푸드 대표 주자, 검은콩 맛있게 삶기
1 검은콩을 찬물에 담가 4~5시간 이상 불린다.
2 물을 넉넉히 넣고 검은콩을 삶다가 끓어오르면 10분 더 끓인다.
3 불을 끄고 10분간 뜸 들인다.

적채 콜슬로 샐러드

네덜란드어로 차가운 양배추를 의미하는 콜슬로는 몇 가지 채소를 섞어 새콤한 맛을 낸 샐러드예요. 영양까지 보완해줄 렌틸콩을 넣어 든든하게 준비해보세요.

INGREDIENT

양배추 1/4통
적양배추 1/4통
당근 1/2개
비트 1/4개
삶은 렌틸콩 1컵

드레싱   비건 마요네즈 3/4컵
         식초 1큰술
         소금 1/2작은술

HOW TO COOK

STEP 1 **채소 썰기**
양배추, 적양배추, 당근, 비트는 가늘게 채 썬다.

STEP 2 **드레싱 만들기**
드레싱 재료를 잘 섞는다.

STEP 3 **버무리기**
양배추, 적양배추, 당근, 비트에 드레싱을 끼얹어 고루 버무린 뒤 랩을 씌워 냉장고에 1시간 이상 둔다.

STEP 4 **렌틸콩 섞기**
접시에 담고 삶은 렌틸콩을 섞는다.

TIP
세계 5대 슈퍼 푸드, 렌틸콩 맛있게 삶기
1 렌틸콩과 물의 비율이 1:30이 되도록 물을 넣고 센 불에서 끓인다.
2 물이 끓어오르면 중불로 줄여 15분간 삶고 불에 내린다.

새송이 허니 머스터드 샐러드

노릇하게 구운 새송이버섯에 매콤 달콤한 맛이 매력적인 허니 머스터드 드레싱을 곁들여보세요. 채소만으로도 든든하고 맛있는 샐러드를 만들 수 있어요.

INGREDIENT

양상추 1/2통
샐러드 채소 40g
새송이버섯 3개

드레싱 홀그레인 머스터드 1/2큰술
올리브오일 2큰술
아가베시럽 1큰술
소금 조금

HOW TO COOK

STEP 1 버섯 굽기
새송이버섯은 결대로 길게 잘라 팬에 살짝 굽는다.

STEP 2 잎채소 준비하기
양상추와 샐러드 채소는 깨끗이 씻어 먹기 좋게 뜯는다.

STEP 3 드레싱 만들기
드레싱 재료를 잘 섞는다.

STEP 4 접시에 담기
접시에 양상추와 샐러드 채소를 담고 구운 버섯을 올린 뒤 드레싱을 끼얹는다.

TIP
기호에 따라 새송이버섯 대신 다른 버섯을 추가하거나 대체해도 좋아요.

시저 샐러드

많은 사람들이 좋아하는 시저 샐러드를 비건 레시피로 만들어보세요. 마요네즈 대신 캐슈너트와 양파, 셀러리를 갈아 만들어 느끼하지 않고 고소해요. 입맛 돋우는 샐러드로 좋아요.

INGREDIENT

로메인 1통
당근 1/4개
노랑 파프리카 1/2개
호두 1/2컵

드레싱   캐슈너트 1/2컵
양파 1/4개
셀러리 1대
레몬즙 2큰술
소금·후춧가루 조금씩

HOW TO COOK

STEP 1 **채소 준비하기**
로메인은 낱장으로 뜯고 당근과 파프리카는 채 썬다.

STEP 2 **드레싱 만들기**
셀러리와 양파를 잘게 썬 뒤 믹서에 나머지 재료와 함께 넣고 곱게 간다.

STEP 3 **접시에 담기**
접시에 로메인, 당근, 파프리카를 담고 드레싱을 끼얹은 뒤 호두를 뿌린다.

TIP
기호에 따라 캐슈너트 대신 비건 마요네즈(만드는 법 p.26 참조)로 대체해도 좋아요.

스파이시 누들 샐러드

고추장 드레싱을 곁들인 독특한 누들 샐러드예요. 실곤약과 다양한 채소, 고추장 드레싱을 넣어 비빔국수와 비슷한 맛이 난답니다. 매콤한 요리가 생각날 때 만들어보세요.

INGREDIENT

실곤약 50g
오이 1/2개
양배추 1/8통
당근 1/4개
노랑·빨강 파프리카 1/4개씩
삶은 렌틸콩 3큰술

드레싱
고추장 1큰술
식초 1/2작은술
아가베시럽 1/2작은술
참기름 조금
통깨 조금

HOW TO COOK

STEP 1 실곤약 준비하기
실곤약은 뜨거운 물에 살짝 데쳐 찬물에 헹군 뒤 체에 밭쳐 물기를 뺀다.

STEP 2 오이 면 만들기
오이는 양 끝을 조금 잘라낸 뒤 회전 채칼로 면을 만든다.

STEP 3 채소 썰기
양배추, 당근, 파프리카는 가늘게 채 썬다.

STEP 4 드레싱 만들기
드레싱 재료를 잘 섞는다.

STEP 5 버무리기
접시에 실곤약과 오이 면을 담고 채소와 삶은 렌틸콩을 올린 뒤 드레싱을 끼얹어 버무린다.

TIP
실곤약 대신 가는 쌀국수(버미셀리)를 이용해도 좋아요.

분짜 샐러드

쌀국수와 구운 돼지고기, 채소를 새콤달콤한 소스에 적셔 먹는 분짜 스타일의 샐러드예요. 비건 레시피에서는 구운 돼지고기 대신 표고버섯을 넣어 향과 씹는 맛을 더했답니다.

INGREDIENT

가는 쌀국수(버미셀리) 60g
양상추 1/4통
당근 1/4개
샐러드 채소 30g
표고버섯 3개
고수 조금

소스 간장 1큰술
식초 2큰술
설탕 1/4컵
고춧가루 1작은술
물 1컵

HOW TO COOK

STEP 1 쌀국수 준비하기
쌀국수는 물에 30분 정도 불렸다가 끓는 물에 30초간 데친 뒤 찬물에 헹궈 물기를 뺀다.

STEP 2 채소 준비하기
양상추는 먹기 좋게 뜯고 당근은 채 썬다. 표고버섯은 끓는 물에 살짝 데친 뒤 반으로 찢는다.

STEP 3 소스 만들기
소스 재료를 잘 섞는다.

STEP 4 접시에 담기
접시에 쌀국수, 채소, 고수를 담고 소스를 곁들여 찍어 먹는다.

TIP
표고버섯 밑동은 따로 보관했다가 채수 만드는 데 사용해보세요.

콜리플라워라이스 샐러드

특별한 샐러드가 생각나는 날 콜리플라워라이스 샐러드는 어떠세요? 비타민 C가 풍부한 콜리플라워로 라이스를 만들고 깊고 진한 맛의 커리 드레싱을 곁들인 이색적인 샐러드예요.

INGREDIENT

콜리플라워 1/2통
당근 1/3개
빨강 파프리카 1/4개
노랑 파프리카 1/4개

드레싱
오렌지주스 4큰술
캐슈너트 1/2컵
커리파우더 1작은술
생강가루 1/2작은술
다진 마늘 1/2작은술

HOW TO COOK

STEP 1 콜리플라워 라이스 만들기
푸드 프로세서에 콜리플라워를 넣고 쌀알 크기만 하게 다진다.

STEP 2 채소 준비하기
당근과 파프리카는 작게 잘게 깍둑썰기한다.

STEP 3 드레싱 만들기
믹서에 드레싱 재료를 넣고 곱게 갈아서 섞는다.

STEP 4 접시에 담기
콜리플라워라이스, 당근, 파프리카를 담고 드레싱을 끼얹는다.

TIP
양배추, 콜라비로 비건 라이스를 만들어보세요. 만드는 과정은 콜리플라워라이스와 같아요. 재료를 푸드 프로세서에 넣고 쌀알 크기만 하게 다지면 됩니다.

해초 샐러드

신선한 바다향이 입안을 감싸는 해초 샐러드예요. 해초에 오이, 무를 더해 아삭아삭한 맛과 영양을 더했어요. 칼로리가 낮아 다이어트 식사나 간식으로도 좋습니다.

INGREDIENT

모둠 해초 200g
무 60g
오이 1/2개
연두부 50g

드레싱
간장 1큰술
식초 1큰술
레몬즙 1큰술
아가베시럽 1작은술

고춧가루 1작은술
참기름 1작은술
통깨 조금

HOW TO COOK

STEP 1 **재료 준비하기**
해초는 흐르는 물에 가볍게 헹궈두고, 오이와 무는 채 썬다.

STEP 2 **드레싱 만들기**
드레싱 재료를 잘 섞는다.

STEP 3 **접시에 담기**
접시에 해초와 무, 오이를 담고 연두부를 올린 뒤 드레싱을 끼얹는다.

TIP
염장된 해초를 사용할 때는 찬물에 충분히 담가 소금기를 없애고 사용하는 것이 좋아요. 끓는 물에 잠깐 데쳐 사용해도 됩니다.

Part 5

브런치
Brunch

채식은 단조롭고 맛없을 거라 생각했다면 비건 레시피로 조리한 브런치를 만들어보세요. 파스타, 햄버그스테이크 등 평소 먹던 음식을 그대로 즐길 수 있어요. 다양한 대체 재료로 맛을 내 맛도 좋고 영양도 풍부합니다. 몸에 좋은 재료로 채운 건강한 한 끼를 즐겨보세요.

팬케이크

대표적인 브런치 메뉴인 팬케이크. 두유를 사용해 건강한 비건 레시피로 만들었어요. 폭신폭신한 질감과 맛이 일반 팬케이크 못지않아요.

INGREDIENT

밀가루 1컵
설탕 1큰술
베이킹파우더 2작은술
소금 조금

두유 1컵
식초 1큰술
식용유 조금

HOW TO COOK

STEP 1 **가루 재료 섞기**
밀가루, 설탕, 베이킹파우더, 소금을 볼에 넣어 섞는다.

STEP 2 **두유·식초 섞기**
다른 볼에 두유와 식초를 넣어 고루 섞는다.

STEP 3 **팬케이크 반죽 만들기**
가루 재료와 액체 재료를 한데 넣어 고루 섞는다.

STEP 4 **팬케이크 굽기**
중불로 달군 팬에 식용유를 두르고 팬케이크 반죽을 올린다.

STEP 5 **팬케이크 뒤집어 굽기**
약불로 줄여 굽다가 윗면에 기포가 올라오면 뒤집어 굽는다.

TIP
팬케이크를 너무 오래 구우면 촉촉한 맛이 떨어져요. 기포가 어느 정도 올라오면 바로 뒤집으세요.

바게트 오픈 샌드위치

느긋하게 즐기는 주말 아침 메뉴나 피크닉 메뉴로 바게트 오픈 샌드위치는 어떠세요? 만들기도 쉽고, 들어간 재료가 한눈에 보여 눈이 즐거워요.

INGREDIENT

바게트 1개
양상추 2장
오이 1/2개
아보카도 1개
토마토 1개

소금·후춧가루 조금씩

소스   비건 마요네즈 3큰술
      홀그레인 머스터드 1큰술
      양파 1/4개

HOW TO COOK

STEP 1 양파 준비하기
양파는 채 썰어 물에 담가 매운맛을 뺀다.

STEP 2 아보카도·토마토·오이 썰기
아보카도, 토마토, 오이는 얇게 슬라이스한다.

STEP 3 소스 만들기
비건 마요네즈와 홀그레인 머스터드, 채 썬 양파를 섞는다.

STEP 4 샌드위치 만들기
바게트 위에 소스를 바르고 양상추, 오이, 토마토, 아보카도를 올린다.

STEP 5 소금·후춧가루로 간하기
기호에 따라 소금과 후춧가루를 뿌린다.

TIP
슬라이스한 토마토 위에 소금과 후춧가루를 조금 뿌려 간을 해도 맛있어요.
샌드위치 채소는 냉장고에 있는 것들을 활용해도 좋아요.

참치마요 맛 샌드위치

으깬 병아리콩과 마요네즈를 섞어 참치마요 스프레드 맛을 내보았어요. 병아리콩으로 만든 스프레드를 바게트 위에 듬뿍 쌓기만 하면 맛있고 건강한 브런치가 완성돼요.

INGREDIENT

바게트 4조각
루콜라 한 줌

참치마요 맛 스프레드 삶은 병아리콩 1컵
비건 마요네즈 4큰술
다진 피클 3큰술

HOW TO COOK

STEP 1 병아리콩 삶아 으깨기
병아리콩은 2시간 이상 물에 불린 뒤 끓는 물에 삶는다.

STEP 2 포크로 으깨기
삶은 병아리콩을 포크로 으깬다.

STEP 3 마요네즈와 섞기
으깬 병아리콩에 비건 마요네즈와 다진 피클을 넣어 섞는다.

STEP 4 빵에 올리기
바게트 위에 루콜라를 올리고 참치마요 맛 스프레드를 도톰하게 올린다.

TIP
병아리콩을 으깰 때 적당히 으깨야 씹는 맛이 좋아요. 너무 많이 으깨지 않도록 주의하세요.

바질페스토 파스타

근사한 식사가 필요할 때 간단하게 만들 수 있는 파스타예요. 향긋한 바질과 잣을 듬뿍 갈아 바질페스토를 만들고, 파스타와 함께 볶으면 간단하고 맛있는 한 끼 식사가 완성돼요.

INGREDIENT

통밀 파스타 100g
소금 조금

바질페스토 바질 40g
잣 1/4컵
마늘 2개
올리브오일 1/2컵

HOW TO COOK

STEP 1 **바질페스토 만들기**
푸드 프로세서에 바질, 잣, 마늘, 올리브오일을 넣어 곱게 간다.

STEP 2 **파스타 삶기**
끓는 물에 소금을 조금 넣고 파스타를 5분간 삶는다.

STEP 3 **파스타 볶기**
프라이팬에 올리브오일을 두르고 파스타를 살짝 볶는다.

STEP 4 **바질페스토 넣어 볶기**
볶은 파스타에 바질페스토 5큰술을 넣고 섞어가며 좀 더 볶는다.

TIP
바질페스토는 열탕 소독한 병에 담아두면 3주 정도 냉장 보관할 수 있어요. 파스타뿐만 아니라 피자, 샐러드, 빵 등에도 잘 어울리니 넉넉히 만들어 요리에 활용해보세요.

크림소스 파스타

캐슈너트와 아몬드 밀크를 갈아 비건 크림소스 파스타를 만들어보세요. 우유나 생크림 없이도 고소하고 부드러운 파스타를 즐길 수 있어요. 소화도 잘되는 건강한 파스타입니다.

INGREDIENT

통밀 파스타 100g
양파 1/2개
마늘 4개
올리브오일 1작은술

파슬리가루 조금
후춧가루 조금

크림 소스
불린 캐슈너트 1컵
아몬드 밀크 2컵
소금 1/2작은술

HOW TO COOK

STEP 1 양파·마늘 볶기
팬에 올리브오일을 둘러 양파를 넣어 볶다가 마늘을 넣어 볶는다.

STEP 2 크림소스 만들기
①에 불린 캐슈너트와 소금을 넣고 아몬드 밀크를 부어 끓인 뒤 한 김 식혀 믹서에 간다.

STEP 3 파스타 삶기
끓는 물에 소금을 조금 넣고 파스타를 넣어 5분간 삶아 건진다.

STEP 4 소스에 볶기
팬에 크림소스를 넣어 끓이다가 파스타를 넣고 좀 더 볶는다.

STEP 5 접시에 담기
파스타를 접시에 담고 후춧가루와 파슬리가루를 뿌린다.

TIP
바게트 등 식사용 빵을 준비해 남은 크림소스를 찍어 먹어도 맛있어요.

라타투이

라타투이는 프랑스 남부 지방에서 즐겨먹는 소박한 여름 요리예요. 신선한 채소에 감칠맛 나는 토마토소스를 올려 굽기만 돼요. 완성된 모습도 근사해 손님 초대 요리로도 좋아요.

INGREDIENT

애호박 1개
가지 1개
토마토 3개

토마토 소스
토마토 2개
올리브오일 1큰술
다진 마늘 1작은술
바질가루 1작은술
소금·후춧가루 조금

HOW TO COOK

STEP 1 재료 준비하기
애호박, 가지, 토마토는 도톰하게 슬라이스한다.

STEP 2 소스 만들기
토마토를 작게 깍둑썰기한 뒤 나머지 소스 재료와 함께 넣어 잘 섞는다.

STEP 3 라타투이 만들기
오븐용 그릇에 토마토소스를 깔고 호박, 가지, 토마토를 켜켜이 담는다.

STEP 4 오븐에 굽기
알루미늄 포일로 덮고 180℃로 예열한 오븐에서 40분가량 굽는다.

TIP
아이들 간식으로 만들 때는 채소를 작게 깍둑썰기해 보세요. 입에서 사르르 녹는 부드러운 라타투이를 만들 수 있어요.

햄버그스테이크

비건 햄버그스테이크는 단백질이 풍부한 병아리콩, 검은콩, 두부로 만들어 고기로 만든 스테이크 못지않게 속이 든든해요. 담백하고 소화도 잘돼 남녀노소 누구나 맛있고 건강하게 즐길 수 있어요.

INGREDIENT

삶은 병아리콩 1컵
삶은 검은콩 1컵
두부 1/4모
당근 1/3개
표고버섯 3개
마늘 1개

밀가루 2큰술
아마씨가루 2큰술
소금·후춧가루 조금씩
식용유 조금

HOW TO COOK

STEP 1 채소 다지기
당근, 표고버섯, 마늘을 잘게 다진다.

STEP 2 콩·두부 으깨기
볼에 삶은 병아리콩과 삶은 검은콩, 두부를 넣고 포크로 으깬다.

STEP 3 패티 만들기
②의 볼에 잘게 다진 채소들과 밀가루, 아마씨가루, 소금, 후춧가루를 넣어 잘 섞는다.

STEP 4 반죽 빚기
반죽을 둘로 나눠 동그랗게 빚는다.

STEP 5 굽기
팬에 기름을 두르고 중불에서 앞뒤로 뒤집어 살짝 구운 뒤 오븐에 넣어 150℃에서 10분간 굽는다.

TIP
완성된 햄버그스테이크에 우스터소스를 곁들여도 좋아요.

채소 BBQ

새송이버섯, 아스파라거스 등 여러 가지 채소를 구워 BBQ를 만들어보세요. 구운 채소마다 맛과 식감이 다양해 먹는 재미가 쏠쏠하답니다. 감칠맛을 더해줄 소스도 잊지 마세요.

INGREDIENT

새송이버섯 2개
아스파라거스 3대
애호박 1/2개
가지 1/2개
두부(부침용) 1/2모
식용유 조금

BBQ 소스 홀토마토 1컵
간장 2큰술
아가베시럽 1큰술
다진 양파 2큰술
다진 마늘 1큰술
후춧가루 1/2작은술

HOW TO COOK

STEP 1 채소 썰기
새송이버섯, 애호박, 가지는 얇게 슬라이스한다.

STEP 2 소스 만들기
믹서에 BBQ 소스 재료를 넣어 곱게 간다.

STEP 3 프라이팬에 굽기
기름 두른 프라이팬에 새송이버섯, 호박, 가지, 아스파라거스를 올려 굽는다.

STEP 4 두부 썰어 굽기
두부는 1cm 두께로 썰어 기름 두른 프라이팬에 굽는다.

STEP 5 접시에 담기
구운 채소를 접시에 담고 BBQ 소스를 곁들인다.

TIP
아스파라거스를 손질할 때는 딱딱한 밑동 부분을 3cm 정도 잘라낸 뒤 필러 등을 이용해 껍질을 벗기면 됩니다. BBQ 소스 대신 소금·후춧가루나 허브가루를 뿌려도 좋아요.

라이스 랩

고기나 해산물 대신 아보카도를 넣어 만든 비건 월남쌈이에요. 칼로리가 적고 포만감이 커 다이어트 식사로도 제격입니다. 취향에 따라 다양한 소스를 준비해 즐겨보세요.

INGREDIENT

라이스페이퍼 5장   노랑 파프리카 1/2개   스위트 칠리소스 3큰술
깻잎 5장   빨강 파프리카 1/2개
아보카도 1개   당근 1/2개
적양배추 1/4통   오이 1/2개

HOW TO COOK

STEP 1 재료 준비하기
적양배추, 파프리카, 당근은 채 썰고, 아보카도와 오이는 편으로 저며 썬다.

STEP 2 라이스페이퍼 준비하기
라이스페이퍼를 따뜻한 물에 담갔다 건져 촉촉하게 준비한다.

STEP 3 라이스 랩 말기
라이스페이퍼 위에 깻잎과 오이를 깔고 채 썬 채소와 아보카도를 올려 돌돌 만다.

STEP 4 접시에 담기
접시에 라이스 랩을 담고 스위트 칠리소스를 곁들인다.

TIP
짭짤하고 달콤한 호이신 소스도 라이스 랩과 잘 어울려요.

팟타이

짠맛, 신맛, 단맛이 조화롭게 어우러지는 팟타이. 피시소스를 넣지 않은 비건 레시피로 손쉽게 만들어보세요. 소화가 잘되고 속이 편한 재료들로 만들어 많이 먹어도 부담이 없어요.

INGREDIENT

쌀국수 100g
두부(부침용) 100g
노랑·빨강 파프리카 1/4개씩
숙주 한 줌
대파 1대
식용유 1큰술

으깬 땅콩 1큰술
고수 조금

소스
간장·레몬즙 1큰술씩
고춧가루 2작은술
참기름 1작은술
대추야자 4개

HOW TO COOK

STEP 1 재료 썰어 볶기
파프리카와 대파는 길게 채 썰고 두부는 깍둑썰기한다.

STEP 2 소스 만들기
믹서에 소스 재료를 넣고 곱게 간다.

STEP 3 쌀국수·두부 준비하기
쌀국수를 찬물에 1시간가량 담가 불리고 두부는 식용유 두른 팬에 굽는다.

STEP 4 소스 넣어 볶기
팬에 파프리카와 대파를 볶다가 쌀국수와 소스를 넣고 볶는다.

STEP 5 두부·숙주 넣어 볶기
구운 두부와 숙주를 넣고 조금 더 볶은 뒤 접시에 담고 으깬 땅콩과 고수를 뿌린다.

TIP
고수는 기호에 따라 가감하세요.

후무스

중동의 대표적인 음식, 후무스. 담백하고 고소한 맛이 일품이랍니다. 당근, 오이를 길게 잘라 찍어 먹거나 플랫 브레드를 곁들여 든든한 한 끼 식사로 준비해보세요.

INGREDIENT

병아리콩 2컵
마늘 1개
레몬즙 2큰술
올리브오일 3큰술
커민가루 1/2작은술
소금 약간

HOW TO COOK

STEP 1 병아리콩 삶기
병아리콩은 2시간 이상 물에 불린 뒤 끓는 물에 삶았다가 건져둔다.

STEP 2 병아리콩·마늘 갈기
푸드 프로세서에 병아리콩과 마늘을 넣어 크림 상태가 되도록 간다.

STEP 3 모든 재료 넣어 갈기
나머지 재료를 모두 넣고 곱게 간다.

STEP 4 접시에 담기
완성된 후무스를 접시에 담고 올리브오일을 뿌린다.

TIP
칠리파우더를 더해 매콤한 맛의 후무스를 만들어보세요.

너트국수

콩국수보다 고소하고 만들기도 간단한 너트국수예요. 불리는 과정 없이 다양한 견과류를 아몬드 밀크와 함께 곱게 갈기만 하면 돼요. 더운 여름 시원하게 즐기기 좋은 별미랍니다.

INGREDIENT

실곤약 100g
오이 1/3개

검은깨 1작은술
방울토마토 1개

소스　아몬드 밀크 2컵
　　　불린 캐슈너트 1/4컵
　　　잣 1큰술
　　　헴프시드 2큰술
　　　소금 조금

HOW TO COOK

STEP 1 **소스 만들기**
믹서에 아몬드 밀크, 캐슈너트, 잣, 헴프시드, 소금을 넣어 곱게 간다.

STEP 2 **실곤약 데치기**
끓는 물에 실곤약을 살짝 데친 뒤 찬물에 헹궈 물기를 뺀다.

STEP 3 **고명 준비하기**
오이는 채 썰고 토마토는 반 자른다.

STEP 4 **그릇에 담기**
그릇에 실곤약을 담은 뒤 너트밀크를 붓고 오이와 토마토, 검은깨를 올린다.

TIP
실곤약 대신 오이나 당근으로 채소 면을 만들어 대신해도 좋아요.

채소주먹쌈밥

아이들 간식이나 도시락으로 활용하기 좋은 간단 메뉴예요. 잘게 썬 채소를 밥과 함께 섞어 상추 위에 올리면 완성됩니다. 채소를 한번 볶아 넣었기 때문에 아이들도 잘 먹어요.

INGREDIENT

밥 1공기
당근 1/4개
노랑·빨강 파프리카 1/4개씩
참기름 1/2큰술
소금 조금
통깨 1큰술
상추 8장
쌈장 조금
식용유 조금

HOW TO COOK

STEP 1 채소 다져 볶기
당근, 빨강 파프리카, 노랑 파프리카는 잘게 다져서 기름 두른 팬에 볶는다.

STEP 2 밥과 채소 섞기
①의 볶은 채소에 밥을 넣고 소금, 참기름, 통깨로 맛을 내 잘 섞는다.

STEP 3 주먹밥 만들기
②의 밥을 한입 크기로 동그랗게 빚는다.

STEP 4 상추 위에 밥 올리기
상추 위에 쌈장을 조금 올리고 주먹밥을 얹는다.

TIP
기호에 따라 상추 대신 깻잎을 활용해도 좋아요.

콜리플라워 스테이크

콜리플라워에 향긋한 시즈닝을 뿌려 노릇하게 구워 먹는 비건 스테이크예요. 오븐에 익혀 포슬포슬하고 촉촉한 식감이 일품이랍니다. 특별한 날 식사로 준비해보세요.

INGREDIENT

콜리플라워 1개
파프리카가루 1큰술
파슬리가루 1작은술
소금·후춧가루 1작은술씩
올리브오일 3큰술

HOW TO COOK

STEP 1 **콜리플라워 썰기**
콜리플라워는 세로로 납작하게 3등분한다.

STEP 2 **콜리플라워 양념하기**
콜리플라워에 파프리카가루, 파슬리가루, 소금·후춧가루를 앞뒤로 골고루 뿌린다.

STEP 3 **오븐에 굽기**
양념한 콜리플라워를 오븐 트레이에 올리고 올리브오일을 뿌린 뒤 180℃로 예열한 오븐에서 15분간 굽는다.

TIP
오븐이 없다면 프라이팬에 구워도 돼요. 약한 불에서 시즈닝이 타지 않게 주의하며 구우면 됩니다.

Part 6

디저트
Dessert

버터나 달걀 없이 다양한 디저트를 만들어보세요. 바삭한 쿠키, 촉촉한 파운드케이크, 달콤한 아이스크림 모두 가능하답니다. 만들기도 쉽고 시판 디저트 못지않게 맛있어요. 한번 만들어보면 비건 디저트는 맛없을 거라는 편견이 사라질 거예요.

바나나 파운드케이크

달콤한 바나나 퓨레를 넣어 만든 촉촉한 파운드케이크예요. 중간중간 씹히는 호두의 맛도 일품이랍니다. 아몬드 밀크와 함께 아침 식사 대용으로 준비해보세요.

INGREDIENT

바나나 2개
밀가루 2컵
오트밀 1/2컵
부순 호두 1/2컵
설탕 1/2컵
식용유 70mL
두유 30mL
시나몬파우더 1작은술
베이킹소다 1/2작은술
베이킹파우더 2작은술
바닐라에센스 조금
소금 조금

HOW TO COOK

STEP 1 바나나·오트밀 준비하기
바나나는 믹서에 갈아 퓌레를 만들고 오트밀은 믹서에 넣어 갈아서 준비한다.

STEP 2 바나나 퓌레에 두유 섞기
①의 바나나 퓌레에 두유, 설탕, 바닐라에센스, 시나몬파우더, 식용유를 넣어 섞는다.

STEP 3 반죽 만들기
오트밀가루에 밀가루, 소금, 베이킹소다, 베이킹파우더를 섞은 뒤 ②에 넣어 반죽을 만든다. 마지막에 호두를 뿌린다.

STEP 4 빵틀에 담아 굽기
빵틀에 반죽을 붓고 180℃로 예열된 오븐에 40분간 굽는다.

TIP
잘 익은 바나나를 써야 진한 맛의 퓌레를 만들 수 있어요.
밀가루 1컵은 200mL 계량컵 기준으로 120g예요.
베이킹에 사용하는 식용유는 발연점이 높은 포도씨유나 현미유가 좋아요.

단호박 머핀

출출할 때 간식으로 그만인 단호박 머핀이에요. 단호박 퓨레를 듬뿍 넣어 부드럽고 촉촉하답니다. 달콤한 단호박으로 속이 꽉 찬 영양 간식을 만들어보세요.

INGREDIENT

단호박(중간크기) 1/4통
밀가루 1컵
두유 200mL
설탕 1/2컵
식용유 2큰술
베이킹파우더 1작은술
베이킹소다 1/2작은술
소금·바닐라에센스 조금

HOW TO COOK

STEP 1 단호박 퓌레 만들기
단호박은 속을 발라내고 껍질을 벗긴다. 손질한 단호박을 푸드 프로세서에 갈아 퓌레를 만든다.

STEP 2 단호박 반죽 만들기
볼에 단호박 퓌레, 두유, 아마씨가루, 설탕, 식용유, 바닐라에센스, 시나몬파우더를 넣어 섞는다.

STEP 3 머핀 반죽 만들기
밀가루, 베이킹소다, 베이킹파우더, 소금을 섞은 뒤 단호박 반죽을 섞어 머핀 반죽을 만든다.

STEP 4 틀에 담아 오븐에 굽기
머핀 틀에 반죽을 고루 나누어 담아 180℃로 예열시킨 오븐에 20분가량 굽는다.

TIP
밀가루 대신 통밀박력분을 사용해도 좋아요. 다만 통밀박력분은 일반 박력분에 비해 잘 부풀지 않는 데다 질감도 거칠어요. 용도나 입맛에 맞게 선택하거나 섞어서 쓰세요.

초코칩 쿠키

코코넛오일로 풍미와 부드러움을 살린 초코칩 쿠키예요. 버터 없이 만들어도 촉촉하답니다.
초코칩을 듬뿍 넣어 누구나 좋아하는 달콤한 디저트를 만들어보세요.

INGREDIENT

밀가루 1컵
초코칩 1/2컵
설탕 1/2컵
코코넛오일 1/4컵
아마씨가루 1작은술
베이킹소다 1/2작은술

바닐라에센스 조금
소금 조금
물 2큰술

HOW TO COOK

STEP 1 가루재료 섞기
볼에 밀가루, 소금, 베이킹소다를 섞는다.

STEP 2 코코넛오일·설탕 섞기
상온에서 녹인 코코넛오일에 설탕, 아마씨가루, 물을 섞는다.

STEP 3 반죽한 다음 휴지시키기
가루재료에 ②를 조금씩 넣어가며 섞다가 마지막에 초코칩을 넣어 골고루 섞는다. 냉장고에 2시간가량 두고 휴지시킨다.

STEP 4 모양 만들기
반죽을 나눠 동그랗게 빚은 뒤 테플론 시트 위에 올린다.

STEP 5 오븐에 굽기
175℃로 예열된 오븐에 10분간 굽고 충분히 식힌다.

TIP
코코넛오일 대신 비건 버터(만드는 법 p.25 참조)로 대체하거나 절반씩 섞어 만들어보세요. 대체할 경우 비건 버터는 코코넛오일과 같은 양을 사용하면 됩니다.

마카다미아 오트밀 쿠키

마카다미아를 듬뿍 넣어 씹는 맛이 좋은 쿠키를 만들어보세요. 오트밀과 마카다미아의 조화로 씹을수록 고소하고 담백한 맛이 느껴지는 쿠키예요.

INGREDIENT

오트밀·밀가루 1/2컵씩
마카다미아 1/2컵
코코넛오일 1/4컵
설탕 1/2컵
아마씨가루 1작은술
베이킹소다 1/2작은술
소금·바닐라에센스 조금
물 2큰술

HOW TO COOK

STEP 1 오트밀 갈기
믹서에 오트밀을 갈아 가루로 만든 뒤 밀가루, 소금, 베이킹소다와 함께 섞는다.

STEP 2 코코넛오일·설탕 섞기
상온에서 녹인 코코넛오일, 아마씨가루, 설탕을 섞는다.

STEP 3 반죽 만들기
①의 가루재료와 ②의 코코넛오일을 섞어 반죽을 만든다. 마지막으로 마카다미아를 섞은 뒤 냉장고에서 2시간가량 휴지시킨다.

STEP 4 모양 만들기
반죽을 나눠 동그랗게 빚은 뒤 테플론 시트 위에 올린다.

STEP 5 오븐에 굽기
175℃로 예열된 오븐에 10분간 굽고 충분히 식힌다.

TIP
오트밀이 많이 들어간 쿠키는 굽는 과정에서 크게 부풀거나 모양이 변하지 않으니 쿠키 모양을 잡아 굽는 것이 좋아요.

글루텐 프리 코코넛 쿠키

고소한 아몬드가루에 코코넛가루를 더해 달콤한 맛과 향을 입힌 코코넛쿠키예요. 글루텐 프리 쿠키이기 때문에 소화가 쉽고 속이 편해 남녀노소 즐길 수 있어요.

INGREDIENT

코코넛가루 2컵
아몬드가루 1/2컵
두유 1/2컵
코코넛오일 1/4컵
건포도 1/4컵
아마씨가루 2큰술
조청 4큰술

HOW TO COOK

STEP 1 가루재료 섞기
볼에 코코넛가루, 아몬드가루, 건포도, 아마씨가루를 넣어 섞는다.

STEP 2 쿠키 반죽하기
가루재료에 상온에서 녹인 코코넛오일, 두유, 조청을 넣어 잘 섞고 20분간 휴지시킨다.

STEP 3 모양 만들기
반죽을 탁구공 만하게 나눈 뒤 동그랗게 빚어 테플론 시트 위에 올린다.

STEP 4 오븐에 굽기
180℃로 예열된 오븐에 25분간 굽는다.

TIP
아마씨가루는 액체와 섞이면 끈적끈적해져 반죽이 잘 뭉쳐지게 도와요. 베지테리언 레시피로 조리할 때는 아마씨가루 1큰술 대신 달걀흰자 1큰술로 대체하세요.

블루베리 스콘

코코넛오일을 넣어 퍽퍽함을 줄이고 블루베리로 맛을 더한 스콘이에요. 달콤한 블루베리 스콘에 홍차 한 잔을 곁들여 여유로운 휴식 시간을 가져보세요.

INGREDIENT

블루베리 1/2컵
밀가루 2컵
두유 2/3컵
코코넛오일 1/4컵

설탕 2큰술
베이킹파우더 1작은술
베이킹소다 1/4작은술
소금 조금

HOW TO COOK

STEP 1 **재료 섞기**
볼에 밀가루, 베이킹소다, 베이킹파우더를 섞고 코코넛오일을 조금씩 넣어가며 크럼블을 만든다.

STEP 2 **반죽 만들기**
두유에 설탕을 섞은 뒤 ①에 넣어 반죽을 만든다. 마지막으로 블루베리를 넣어 고루 섞는다.

STEP 3 **휴지시키기**
반죽을 냉장고에서 넣어 1시간가량 둔다.

STEP 4 **모양 만들기**
반죽을 나눠 삼각형으로 모양을 낸 뒤 테플론 시트 위에 올린다.

STEP 5 **오븐에 굽기**
230℃로 예열된 오븐에 15분가량 구운 뒤 꺼내 식힌다.

TIP
동그란 케이크 틀에 담은 뒤, 6등분으로 칼집을 내 자르면 깔끔하게 세모 모양의 스콘을 만들 수 있어요.

칙피팝콘

가볍게 즐기기 좋은 간식이 생각난다면 병아리콩으로 팝콘을 만들어보세요. 삶은 병아리콩을 짭짤하게 양념한 다음 오븐에 구우면 바삭바삭한 간식이 간단하게 완성돼요.

INGREDIENT

삶은 병아리콩 3컵
올리브오일 3큰술
파프리카가루 1큰술
소금 2작은술
후춧가루 1작은술

HOW TO COOK

STEP 1 팝콘 만들기
삶은 병아리콩에 올리브오일, 파프리카가루, 소금, 후춧가루를 넣어 고루 섞는다.

STEP 2 오븐 트레이에 올리기
①의 재료를 오븐 트레이에 겹치지 않게 펼쳐 올린다.

STEP 3 오븐에 굽기
180℃로 예열된 오븐에서 바삭해질 때까지 40분간 굽는다.

TIP
더 바삭바삭한 식감을 원하면 오븐에 굽는 시간을 조금 늘려도 됩니다. 하지만 너무 오래 구우면 딱딱해질 수 있으니 중간중간 확인해가며 구우세요.

플랫 브레드

플랫 브레드는 만능 브레드라고 해도 좋을 정도로 여러 음식에 두루 잘 어울린답니다. 수프, 샐러드, 후무스에 곁들여 즐겨보세요.

INGREDIENT

밀가루 1컵
물 80mL
커민 1/2작은술
소금 1/2작은술

HOW TO COOK

STEP 1 **반죽 만들기**
볼에 밀가루, 소금을 넣어 섞고 물을 넣어가며 반죽한다.

STEP 2 **커민 넣기**
반죽에 커민을 뿌린 뒤 고루 섞는다.

STEP 3 **모양 만들기**
반죽을 5개로 나누어 밀대로 얇게 민다.

STEP 4 **굽기**
달군 프라이팬에 반죽을 올려 굽다가 윗면이 공기층이 생기며 부풀면 뒤집어 굽는다.

TIP
커민 대신 참깨를 넣어 섞어도 좋아요.

스위트 바나나

바나나가 고급 디저트로 변신했어요. 바나나를 썰고 메이플시럽과 시나몬파우더를 올려 굽기만 하면 돼요. 부드럽고 향긋해진 바나나의 맛에 놀라게 될 거예요.

INGREDIENT

바나나 3개
코코넛오일 1큰술
메이플시럽 1큰술
시나몬파우더 1큰술

HOW TO COOK

STEP 1 바나나 썰기
바나나는 동그랗게 슬라이스 해 준비한다.

STEP 2 프라이팬에 굽기
프라이팬에 코코넛오일을 두르고 바나나를 올린 다음 메이플시럽과 시나몬파우더를 뿌려 살짝 굽는다.

STEP 3 접시에 담기
기호에 따라 메이플시럽과 시나몬파우더를 추가하거나 비건 아이스크림을 올린다.

TIP
완성된 스위트 바나나를 비건 팬케이크의 토핑으로 활용해도 좋아요.

당근 도넛볼

당근 도넛볼은 굽지 않는 특별한 도넛이에요. 영양소 파괴 없이 섭취할 수 있어 아이들 간식으로 좋아요. 향긋한 오렌지 제스트와 달콤한 대추야자를 넣어 맛도 일품이랍니다.

INGREDIENT

당근 1개
호두 1/2컵
아몬드 1/2컵
코코넛 슬라이스 1/2컵
대추야자 8개

오렌지 제스트 1작은술
시나몬파우더 1작은술
생강가루 1/2작은술
소금 조금

HOW TO COOK

STEP 1 **재료 다지기**
푸드 프로세서에 당근, 호두, 아몬드, 코코넛 슬라이스, 씨 뺀 대추야자를 넣어 다진다.

STEP 2 **나머지 재료 섞기**
푸드 프로세서에 나머지 재료를 넣어 섞는다.

STEP 3 **모양 만들기**
반죽을 동그랗게 뭉쳐서 볼모양으로 만든다.

TIP
도넛볼 재료는 좁쌀만한 크기로 다져야 씹는 맛이 좋아요. 푸드 프로세서에서 너무 잘게 다져지지 않도록 주의하세요.

비건 머랭쿠키

병아리콩 삶은 물로 비건도 먹을 수 있는 머랭쿠키를 만들 수 있어요. 달걀흰자를 사용한 머랭쿠키 못지않게 달콤하고 바사삭 부서지는 식감이 매력적이랍니다.

INGREDIENT

병아리콩 삶은 물 100mL
설탕 1/3컵
바닐라에센스 1작은술
잔탄검 1/4작은술

HOW TO COOK

STEP 1 콩물·잔탄검 섞기
볼에 병아리 삶은 콩물과 잔탄검을 넣어 3분간 거품기로 거품을 낸다.

STEP 2 머랭 완성하기
①에 설탕을 조금씩 넣어가며 계속 거품을 내다가 바닐라에센스를 넣어가며 머랭을 완성한다.

STEP 3 짤주머니로 모양내기
짤주머니에 머랭 반죽을 담아 테플론 시트 위에 예쁘게 짜 올린다.

STEP 4 오븐에 굽기
100℃로 예열한 오븐에 2시간가량 굽는다.

TIP

병아리콩을 직접 삶았을 때 콩물의 농도가 너무 묽으면 머랭이 잘 만들어지지 않아요. 그럴 때는 병아리콩 캔에 든 콩물을 이용해보세요. 실패 없이 머랭쿠키를 만들 수 있어요.
잔탄검은 식품의 점도를 높여주는 식품첨가제예요. 옥수수 등에서 추출한 천연 증점제로 토마토케첩이나 마요네즈를 만드는 데도 사용돼요.

노길티 초코무스

달콤한 초콜릿이 생각나는 날 건강한 재료로 만든 초코무스는 어떠세요? 아보카도와 카카오 가루, 카카오닙스로 만든 초코무스는 사 먹는 것 못지않은 진한 맛을 자랑한답니다.

INGREDIENT

아보카도 3개
메이플시럽 6큰술
카카오가루 5큰술
코코넛오일 3큰술
카카오닙스 3큰술
바닐라에센스 조금

HOW TO COOK

STEP 1 아보카도 갈기
푸드 프로세서에 껍질과 씨를 제거한 아보카도를 부드럽게 간다.

STEP 2 초코무스 만들기
푸드 프로세서에 카카오파우더, 코코넛오일, 메이플시럽, 바닐라에센스를 넣어 섞고 마지막에 카카오닙스를 넣어 섞는다.

STEP 3 모양 만들기
완성된 무스는 아이스크림 스쿠프로 떠서 접시에 담는다.

TIP
완성된 초코무스를 냉동실에 보관해두고 아이스크림처럼 먹어도 좋아요.

비건 아이스크림

디저트 하면 빠질 수 없는 아이스크림도 비건 레시피로 쉽게 만들 수 있어요. 바나나와 대추야자, 아몬드 버터를 함께 갈아보세요. 맛있는 비건 아이스크림이 간단하게 완성돼요.

INGREDIENT

바나나 3개
대추야자 6개
아몬드 버터 2큰술

HOW TO COOK

STEP 1 바나나·대추야자 준비하기
바나나는 적당한 크기로 자르고 대추야자는 씨를 빼서 준비한다.

STEP 2 아이스크림 만들기
푸드 프로세서에 바나나를 간 다음 나머지 재료를 넣어 다시 부드럽게 간다.

STEP 3 냉동실에서 굳히기
아이스크림을 넓은 용기에 옮겨 담은 뒤 냉동실에 넣어 굳힌다.

TIP
여름에는 아몬드밀크에 비건 아이스크림을 넣어 셰이크로 즐겨보세요.

과일무스 파르페

망고 무스와 바나나 무스를 층층이 쌓아 만든 파르페예요. 무스에 오렌지, 바닐라에센스, 생강 가루를 넣어 다양한 풍미를 더했답니다. 눈과 입을 즐겁게 해주는 매력적인 디저트예요.

INGREDIENT

바나나 2개
망고 2컵
오렌지 1/2개
두부(찌개용) 1/2모
설탕 1큰술
바닐라에센스 1작은술
생강가루 1작은술

HOW TO COOK

STEP 1 바나나무스 만들기
푸드 프로세서에 바나나를 넣어 간다.

STEP 2 망고무스 만들기
믹서에 망고, 오렌지, 두부, 설탕, 생강가루, 설탕, 바닐라에센스를 넣어 부드럽게 간다.

STEP 3 파르페 만들기
컵에 망고무스와 바나나무스를 번갈아 담아 모양을 낸다.

TIP
망고무스는 농도가 중요해요. 농도가 맞지 않으면 바나나무스와 섞일 수 있어요. 망고무스가 묽다면 두부 양을 늘리고, 되직하다면 오렌지의 양을 늘려보세요.

• 요리

한복선의 엄마의 밥상
그대로 따라 하면 엄마가 해주시던 바로 그 맛

일상 반찬, 찌개와 국, 별미 요리, 한 그릇 요리, 김치 등 웬만한 요리 레시피는 다 들어 있어 기본 요리 실력 다지기부터 매일 밥상 차리기까지 이 책 한 권이면 충분하다. 누구든지 그대로 따라 하기만 하면 엄마가 해 주시던 바로 그 맛을 낼 수 있다.

한복선 지음 | 312쪽 | 188×245mm | 16,000원

자연으로 차린 사계절 저장식
제철 재료의 맛, 피클·장아찌·병조림 60가지

맛있고 건강한 홈메이드 저장식을 알려주는 레시피북. 기본 피클, 장아찌부터 아보카도장이나 낙지장 등 요즘 인기 있는 레시피까지 모두 수록했다. 제철 재료 캘린더, 조리 팁까지 꼼꼼하게 알려줘 요리 초보자도 실패 없이 맛있는 저장식을 만들 수 있다.

손성희 지음 | 176쪽 | 188×235mm | 14,000원

한복선의 친절한 요리책
기초부터 응용까지 이 책 한 권이면 끝!

요리초보자를 위해 최고의 요리전문가 한복선 선생님이 나섰다. 칼 잡는 법부터 재료 손질, 맛내기까지 엄마처럼 꼼꼼하고 친절하게 알려주는 이 책에는 국, 찌개, 반찬, 한 그릇 요리 등 대표 가정요리 221가지 레시피가 들어있다.

한복선 지음 | 308쪽 | 188×254mm | 15,000원

최고의 당뇨 밥상
영양학 전문가의 맞춤 당뇨식

매일 맛있게 먹을 수 있는 당뇨 레시피 120가지를 소개한다. 모든 메뉴는 당질은 줄이고 식이섬유는 늘린 맞춤 레시피로 먹기만 해도 혈당이 내려간다. 당뇨 관리법과 당뇨에 대한 오해 등 당뇨 환자와 그 가족들이 궁금해하는 당뇨 정보도 꼼꼼하게 담았다.

마켓온오프 지음 | 256쪽 | 188×245mm | 16,000원

오늘의 밑반찬
만들어두면 일주일이 든든한

누구나 좋아하는 대표 밑반찬 79가지를 담았다. 가장 인기 있는 밑반찬을 골라 수록했기 때문에 반찬을 선택하는 고민을 덜어준다. 79가지 밑반찬을 고기, 해산물·해조류, 채소 등 재료별 파트와 장아찌·피클 파트로 구성하여 쉽게 균형 잡힌 식단을 짤 수 있다.

최승주 지음 | 152쪽 | 188×245mm | 12,000원

우리 가족 건강식
면역력 키워주는

집에서 쉽게 만들어 먹을 수 있으면서 면역력을 키워주는 83가지 음식. 원기회복에 좋은 전통 건강식, 평소 밥상에서 건강을 챙길 수 있는 간단 건강식, 성인병을 예방하는 저염·저칼로리 건강식, 면역력을 길러주는 약선 차·죽까지 몸에 좋은 레시피로 가득하다.

한복선 지음 | 184쪽 | 188×245mm | 13,000원

우리 집 홈스토랑
요알못, 바쁜 직장인도 쉽게 해먹을 수 있는

경제적이고 풍성한 식탁을 위한 가이드북. 일 년 동안 먹을 수 있는 3700여 가지 요리가 담겼다. 월별로 파트를 나누어 봄·여름·가을·겨울에 어울리는 제철 식품으로 만든 다양한 요리를 소개한다. 아침, 저녁 식단이 있어 반찬 걱정 없이 고른 영양 섭취를 할 수 있다.

장연정 지음 | 256쪽 | 188×245mm | 14,000원

나물로 차리는 건강밥상
먹을수록 건강해진다!

생나물, 무침나물, 볶음나물 등 나물 레시피 107가지를 소개한다. 기본 나물부터 토속 나물까지 다양한 나물반찬과 비빔밥, 김밥, 파스타 등 나물로 만드는 별미 요리를 담았다. 메뉴마다 영양과 효능을 소개하고, 월별 제철 나물, 나물요리의 기본요령도 알려준다.

리스컴 편집부 | 160쪽 | 188×245mm | 12,000원

우리집 홈스토랑
집에서 즐기는 외식

다양하고 맛있는 외식 메뉴를 테마별로 소개한 요리책. 온 가족 별식, 면역력 키워주는 가족 건강식, 아이들이 좋아하는 간식, 손님초대요리 & 술안주, 간단한 아침, 죽·수프·샐러드, 카페 스타일 천연음료 등을 모두 담아 우리 집을 근사한 홈스토랑으로 만들 수 있다.

구본길 지음 | 192쪽 | 188×245mm | 13,800원

닭가슴살 다이어트 레시피
고단백 저지방

고단백 저지방 닭가슴살은 다이어트 식품으로 가장 좋다. 이 책은 샐러드, 구이, 한 그릇 요리, 도시락 등 쉽고 맛있는 닭가슴살 요리 65가지를 소개한다. 김밥, 파스타 등 인기 메뉴부터 별미로 메뉴까지 매일 맛있게 먹으며 즐겁게 다이어트할 수 있다.

이양지 지음 | 160쪽 | 188×245mm | 13,000원

• 건강

정말 쉽고 맛있는 베이킹 레시피 54
나의 첫 베이킹 수업

기본 빵부터 쿠키, 케이크까지 초보자를 위한 베이킹 레시피 54가지. 바삭한 쿠키와 담백한 스콘, 다양한 머핀과 파운드케이크, 폼 나는 케이크와 타르트, 누구나 좋아하는 인기 빵까지 모두 담겨있다. 베이킹을 처음 시작하는 사람에게 안성맞춤이다.

고상진 지음 | 216쪽 | 188×245mm | 14,000원

아침 5분, 저녁 10분
스트레칭이면 충분하다

몸은 튼튼하게 몸매는 탄력있게 가꿀 수 있는 스트레칭 동작을 담은 책. 아침 5분, 저녁 10분이라도 꾸준히 스트레칭하면 매일 몰라보게 달라질 것이다. 5분 구성을 기본으로 더 체계적인 스트레칭을 위해 10분, 20분 과정도 소개했다.

박서희 지음 | 96쪽 | 215×290mm | 8,000원

예쁘고, 맛있고, 정성 가득한 나만의 쿠키
Sweet Cookie 스위트 쿠키 50

베이킹이 처음이라면 쿠키부터 시작해보자. 재료를 섞고, 모양내고, 굽기만 하면 끝! 버터 쿠키, 초콜릿 쿠키, 팬시 쿠키, 과일 쿠키, 스파이시 쿠키, 너트 쿠키 등으로 파트를 나눠 예쁘고 맛있고 만들기 쉬운 쿠키 만드는 법 50가지와 응용 레시피를 소개하고 있다.

스테이시 아디만도 지음 | 고상진 감수 | 144쪽 | 188×245mm | 13,000원

하루 15분
필라테스 홈트

필라테스는 자세 교정과 다이어트 효과가 매우 큰 신체 단련 운동이다. 이 책은 집에서도 필라테스를 쉽게 배울 수 있는 방법을 알려준다. 난이도에 따라 15분, 30분, 50분 프로그램으로 구성해 누구나 부담 없이 시작할 수 있다.

박서희 지음 | 128쪽 | 215×290mm | 10,000원

부드럽고 달콤하고 향긋한 8×8가지의 슈와 크림
내가 가장 좋아하는 슈크림

누구나 좋아하는 부드러운 슈크림. 기본 슈크림부터 화려하고 고급스러운 슈 과자 레시피까지 이 책 한 권에 모두 담겼다. 레시피마다 20컷 이상의 자세한 과정사진이 들어가 있어 그대로 따라 하기만 하면 초보자도 향긋하고 부드러운 슈크림을 만들 수 있다.

후쿠다 준코 지음 | 144쪽 | 188×245mm | 13,000원

하루 20분, 평생 살찌지 않는 완벽 홈트
오늘부터 1일

평생 살찌지 않는 체질을 만들어주는 여성용 셀프PT 가이드북. 스타트레이너 김지훈이 군살은 쏙 빼고 보디라인은 탄력 있게 가꿔주는 하루 20분 운동을 소개한다. 하루 20분 운동으로 굶지 않고 누구나 부러워하는 늘씬한 몸매를 만들어보자.

김지훈 지음 | 280쪽 | 188×245mm | 16,000원

천연 효모가 살아있는 건강 빵
천연발효빵

맛있고 몸에 좋은 천연발효빵. 홈 베이킹을 넘어 건강한 빵을 찾는 웰빙족을 위해 과일, 채소, 곡물 등으로 만드는 천연발효종 20가지와 천연발효종으로 굽는 건강빵 레시피 62가지를 담았다. 천연발효빵 만드는 과정이 한눈에 들어오도록 구성되었다.

고상진 지음 | 200쪽 | 210×275mm | 13,000원

남자들을 위한 최고의 퍼스널 트레이닝
1일 20분 셀프PT

혼자서도 쉽고 빠르게 원하는 몸을 만들게 돕는 PT 가이드. 내추럴 보디빌딩 국가대표가 기본 동작부터 잘못된 자세까지 쉽게 설명한다. 오늘부터 하루 20분 셀프PT로 남자라면 누구나 갖고 싶어하는 역삼각형 어깨, 탄탄한 가슴, 식스팩, 강한 하체를 만들어보자.

이용현 지음 | 192쪽 | 188×230mm | 14,000원

에어프라이어로 다 된다
365일 에어프라이어 레시피

에어프라이어를 200% 활용할 수 있도록 돕는 레시피북. 출출할 때 생각나는 간식부터 혼밥, 술안주, 디저트 & 베이킹, 근사한 파티요리까지 93가지 인기 메뉴를 담았다. 쉽고 빠르고 맛있는 에어프라이어 요리, 이 책 하나면 충분하다.

장연정 지음 | 184쪽 | 188×245mm | 13,000원

코로나 19 이후의 건강전략
내 몸속의 면역력을 깨워라

코로나 19의 팬데믹 속에서 생사를 가른 것은 면역력이다. 이 책은 바이러스와 세균, 독성물질이 인체에 들어와 어떤 반응을 일으키며, 인체의 면역시스템이 어떻게 이를 물리치는지 알려준다. 면역력 키우는 방법을 생활습관, 영양, 환경 등으로 나누어 제시했다.

이승남 지음 | 304쪽 | 152×225mm | 15,000원

유익한 정보와 다양한 이벤트가 있는
리스컴 블로그로 놀러 오세요!

홈페이지 www.leescom.com
리스컴 블로그 blog.naver.com/leescomm
인스타그램 www.instagram.com/leescom

맛있게 시작하는 비건 라이프
비건 테이블

지은이 | 소나영

사진 | 김해원 (민들레사진관)
스타일링 | 안온조
요리 어시스트 | 김상민, 김경희, 김승현, 고윤정
　　　　　　　사미정, 조성춘, 홍은영, 이승은
　　　　　　　문기련, 배한나

책임편집 | 안혜진
디자인 | 김미언

출력·인쇄 | 금강인쇄

초판 1쇄 | 2019년 9월 10일
초판 5쇄 | 2020년 12월 2일

펴낸이 | 이진희
펴낸 곳 | (주)리스컴
주소 | 서울시 강남구 밤고개로 1길 10, 현대벤처빌 1427호
전화번호 | 대표번호 02-540-5192
　　　　　　영업부 02-540-5193
　　　　　　편집부 02-544-5922 / 5933 / 5944
FAX | 02-540-5194

등록번호 | 제 2-3348

이 책은 저작권법에 의하여 보호를 받는 저작물이므로
이 책에 실린 사진과 글의 무단 전재 및 복제를 금합니다.
잘못된 책은 바꾸어드립니다.

ISBN 979-11-5616-168-4 13590
책값은 뒤표지에 있습니다.